L'ACCÈS UNIVERSEL AUX MÉDICAMENTS ET LES ADPIC

1994 - 2014

Jeremy Cheong Chi Mo

L'ACCÈS UNIVERSEL AUX MÉDICAMENTS ET LES ADPIC

1994 - 2014

L'Harmattan

5-7, rue de l'École-Polytechnique, 75005 Paris

http://www.harmattan.fr
diffusion.harmattan@wanadoo.fr

ISBN : 978-2-343-09719-0
EAN : 9782343097190

À ma famille.

« Il n'y a rien de plus important qu'un débat public éclairé et que l'action de tout un chacun pour faire changer les choses dans le sens d'une protection de notre existence et de nos libertés. Le public ne doit pas se considérer comme un simple patient, mais bien comme un acteur du changement. Le prix à payer pour l'inaction et l'apathie, ce peut être la maladie et la mort »[1].

Armatya Sen, Prix Nobel d'économie en 1998.

---

1. Armatya Sen, *Santé et développement*, allocution d'orientation prononcée à la Cinquante-Deuxième Assemblée mondiale de la Santé le 18 mai 1999, p. 8.

REMERCIEMENTS

Je tiens à remercier les équipes de Médecins du Monde dont le soutien a été déterminant, spécialement Marie Dominique Pauti, Dorothée De Coux et Sandra Lhote, ainsi que Yves et Catherine Guillam pour leur générosité.

Parce qu'elles m'ont donné l'opportunité de rejoindre Médecins du Monde, je souhaiterais remercier Sophie Zaccaria, Marie Lussier et Chloé Forette pour le passage d'expériences.

Je tiens aussi à remercier Isabelle Andrieux-Meyer, Marc Dixneuf, Arnaud Fontanet, Michel Kazatchkine, Gaelle Krikorian, Olivier Maguet, Rohit Malpani, Pauline Londeix et Heba Wanis pour le temps mis à disposition.

Merci à Sylvie Bukhari de Pontual, la directrice de ces travaux, pour ses conseils et enseignements avisés, ainsi que ses encouragements. Sans oublier Daniel Verger qui fût deuxième lecteur du jury.

Et enfin un grand merci à Dominique Dinand, Chloé Forette, Mathilde Guillam et mes chers parents pour les relectures critiques.

SOMMAIRE

Introduction 25

Partie 1 - Une organisation internationale qui régule l'accès aux médicaments 49

CHAPITRE I : L'organisation de la marchandisation de la santé 53

CHAPITRE II : Les normes minimales et les flexibilités de l'Accord des ADPIC 65

CHAPITRE III : Les déclarations de Doha, de Cancun et de Honk Hong 73

L'Accord des ADPIC, un outil de puissance structurelle 85

Partie 2 - Relations entre acteurs de l'accès aux traitements 91

CHAPITRE IV : Stratégie des multinationales du médicament 95

CHAPITRE V : Stratégie des Etats 113

CHAPITRE VI : La mobilisation internationale par le prisme des résolutions de l'OMS 125

Analyse des déterminants théoriques de l'accès aux médicaments 145

Partie 3 - Du VIH au VHC : l'évolution de l'accès aux traitements 149

CHAPITRE VII : Le Virus de l'Immunodéficience Humain 155

CHAPITRE VIII : L'épidémie silencieuse de l'Hépatite C 169

CHAPITRE IX : La période Post ADPIC 185

Evolution de l'accès aux traitements dans la situation du VIH et du VHC 197

Résister, Responsabiliser, Anticiper 201

MÉTHODOLOGIE

« L'étude des relations internationales est celle de la structuration de l'espace mondial par des réseaux d'interaction sociale »[2]. Dès lors, il nous est nécessaire de comprendre les acteurs du champ de l'accès aux médicaments, leurs positionnements et leurs stratégies, ainsi que les déterminants qui régissent leurs relations. Nous prendrons pour angle théorique des relations internationales la perspective transnationaliste, qui nous semble la plus réaliste[3] pour comprendre la mondialisation contemporaine, parce qu'elle quitte notamment le stato-centrisme de l'approche réaliste et parce qu'elle considère aussi comme objet d'étude « l'évolution de la puissance en situation d'interdépendance »[4] accrue. Cette notion d'interdépendance est centrale dans la perspective transnationaliste puisqu'elle considère que malgré l'indépendance de chacun des acteurs, « ils sont sensibles et vulnérables aux comportements d'autrui, tant le comportement de tout un chacun est affecté structurellement et réciproquement par le comportement de tout autre acteur »[5]. Enfin, Dario Battistella postule trois hypothèses pour comprendre les relations internationales :

> « 1) l'existence de trois sortes d'acteurs (gouvernementaux, sub-étatiques et non étatiques) nouant trois sortes de relations (interétatiques, transgouvernementales, transnationales) ;

2 Dixneuf Marc, « Au-delà de la santé publique : les médicaments génériques entre perturbation et contrôle de la politique mondiale », *Revue française de science politique*, 2003/2 Vol. 53, p. 280.

3. Sans référence à la perspective réaliste et son approche stato-centré.

4. Battistella Dario, *Théories des relations internationales*, 3ème édition, Sciences Po les Presses, 2009, p. 224.

5. Ibid. p. 221.

2) l'absence de hiérarchie entre les différents domaines de la politique mondiale (secteurs stratégico-militaire, économique, énergétique, écologique, démographique, etc.) qui ne peuvent être séparés de façon étanche de l'ordre politique interne, et

3) la diminution du rôle de la force militaire de moins en moins adéquate pour obtenir satisfaction dans les domaines non militaires de la politique mondiale »[6].

Aussi, adhérant à la nécessité d'une réforme de la pensée et de la connaissance influée notamment par Edgar Morin[7], nous tenterons d'avoir au maximum une approche transdisciplinaire, une pensée complexe dans cette étude. Entre droit, économie et sociologie politique, il nous semble important de comprendre ces différentes disciplines afin de s'approcher au plus près de la réalité en la regardant par les multiples perspectives qu'elles donnent à voir. Si cette approche nous semble indispensable pour comprendre le sujet complexe de l'accès aux médicaments, elle pose des difficultés pour toutes personnes formées dans une unique discipline. La compréhension des autres approches demande donc une curiosité importante et un effort intellectuel pour réfléchir différemment de la manière qui nous a été enseignée.

Enfin, la complexité du sujet de l'accès aux médicaments a déjà été analysée sous différentes approches mais aucun document à notre connaissance, sauf la thèse de Thomas Breger peut être, ne recoupe l'ensemble des analyses pour tenter de porter une approche globale, systémique. C'est pourquoi de nombreuses études seront citées dans cet ouvrage afin de regrouper des documents divers mais très éparpillés. Nos travaux pourraient ainsi être interprétés comme une méta analyse qualitative. Néanmoins, nous le verrons par la suite mais d'importantes difficultés sont imposées par l'opacité de l'industrie pharmaceutique pour mener des études sur les coûts de recherche et de développement ou sur la compréhension exacte du modèle économique de l'in-

6. Ibid. p. 221.

7. Edgar Morin, *Introduction à la pensée complexe*, Seuil, 2005, 158 p. Edgar Morin, *La méthode,* Seuil, 2008, 2462 p.

dustrie pharmaceutique. Nous rapportons donc de nombreuses études pour connaitre les évolutions du champ de l'accès aux médicaments.

Ces travaux ont été réalisés en 2014 dans le cadre d'un mémoire de fin d'étude au Service d'Analyse, d'Appui et de Plaidoyer à Médecins du Monde. La réflexion qui est proposée ici a été menée en continuité d'une mission aux côtés de la chargée de plaidoyer accès aux traitements VIH/VHC. La base empirique de cet ouvrage est constituée par l'analyse de documents de positionnement de la société civile et de l'OMS, des observations et des discussions issues du stage, et des entretiens semi directifs[8] avec différents acteurs directement impliqués dans le champ étudié. La grille d'entretien utilisée a été adaptée à chaque interlocuteur.

De la description des différentes stratégies par les acteurs à leurs perspectives portées sur l'avenir de l'accès aux médicaments, nous avons questionné nos interlocuteurs pour comprendre comment a évolué l'accès aux traitements et comment nous pourrions essayer de le rendre universel. Ces entretiens nous ont permis de saisir différentes pistes de recherche que nous avons ensuite approfondi par de nombreuses lectures. Principalement issus de la société civile (Médecins du Monde[9],

8. Nous rappellerons simplement que les entretiens semi directif permettent aisément de mettre nos hypothèses de recherche en confrontation avec la réalité tout en laissant la réalité se dévoiler en réaction à notre posture de chercheur. Pour plus de considérations épistémologiques, vois Pierre Bourdieu, *La misère du monde*, Seuil, 2007, 1460 p.

9. Chloé Forette, chargée de plaidoyer VIH/VHC pour Médecins du Monde, et Olivier Maguet, administrateur de Médecins du Monde et référent de la thématique Réduction des Risques.

Médecins Sans Frontières[10], Act-up Basel[11], Sidaction[12], South Center, Third World Network[13]), mais aussi d'institutions nationales et internationales (Institut Pasteur[14], ONU[15]), nous avons pu discuter avec différents acteurs français, suisses et égyptiens. Il nous a en effet semblé primordial de considérer les différents points de vue qui sont portés sur notre objet d'étude.

Néanmoins, les conditions de recherche dans le cadre d'un mémoire de fin d'études ne sont pas optimales pour une analyse complète. Ainsi, notre temps limité ne nous a pas permis d'enquêter avec entière satisfaction les terrains des pays émergents concernés par la production pharmaceutique (Inde, Brésil et Thaïlande par exemple), ce qui constitue sans aucun doute une des principales lacunes de ce travail.

D'autre part, nous avons étudié les différents cadres règlementaires qui conditionnent l'accès aux produits de santé. Mais l'opacité régnant sur les négociations en cours des traités de libre-échange nous empêche toute assurance sur les résultats finaux de certaines négociations. De ce fait, nous n'avons pu accéder qu'à des documents qui sont parus dans la presse, mais dont on peut interroger le niveau de fiabilité. Malgré tout, nous avons tenu compte de diverses analyses qui se basent sur ces mêmes documents afin de comprendre comment les traités de libre-échange, passés, actuels ou futurs, peuvent entraver le droit à la santé.

---

10. Isabelle Andrieux Meyer, référente médicale VIH/VHC pour MSF access campaign.

11. Pauline Londeix, consultante sur l'accès aux médicaments, ancienne vice-présidente de Act Up Paris, et Gaelle Krikorian, conseillère sur les questions de propriété intellectuelle pour le groupe ALE au Parlement européen.

12. Marc Dixneuf, directeur général de l'association Aides.

13. Heba Wanis, aujourd'hui chercheuse pour Egyptian Initiative for Personal Rights, anciennement assistante de recherche pour le Third World Network, stagiaire pour le South Center et le PNUD.

14. Arnaud Fontanet, responsable de l'unité d'Épidémiologie des maladies émergentes, co-directeur de l'École Pasteur/Cnam de Santé publique.

15. Michel Kazatchkine, rapporteur spécial des Nations Unies pour le VIH/sida en Europe de l'est et en Asie centrale.

En fonction des différentes législations, le médicament est défini de différentes façons. Pour l'Union Européenne, c'est une substance « possédant des propriétés curatives ou préventives à l'égard des maladies humaines ou animales » et pouvant être utilisée ou « administrée en vue d'établir un diagnostic médical ou de restaurer, corriger ou modifier leurs fonctions physiologiques en exerçant une action pharmacologique, immunologique ou métabolique »[16]. D'autres législations, comme celle de l'Australie, associent les usages thérapeutiques et de confort ou d'esthétisme. Enfin, certaines considèrent, comme celles du Brésil ou de l'Afrique du Sud, que le médicament est un produit issu d'une transformation destiné à être commercialisé. Dans notre étude, nous considérons le médicament, par commodité et excès de langage, comme tout élément physique favorisant la prévention, les soins et les traitements des maladies.

En effet, si le sens commun peut considérer que le médicament est essentiellement le produit chimique qui sert à éradiquer une maladie, le traitement médical n'est pas l'unique aspect qui doit être compris. Les techniques de diagnostic, de prévention et de contrôle de la maladie sont aussi très importantes pour saisir les déterminants du respect du droit à la santé. Nous y reviendrons plus en détails par la suite. Aussi, le terme de médicament générique est fréquemment utilisé dans ce champ d'étude. C'est un abus de langage puisqu'il confond les copies de médicaments produites sous licence obligatoire ou par défaut de législation, les médicaments bio-similaires et les médicaments génériques produits après l'expiration du brevet. Il entend donc désigner l'ensemble des médicaments qui sont produits et utilisés en dehors du cadre de la propriété intellectuelle traditionnelle.

Aussi, les termes de pays à faible et moyen revenu et de pays à haut revenu sont préférés aux termes de pays du Sud ou du Nord. S'ils sont repris au titre des citations, c'est sans conviction qu'il soit toujours judicieux de les utiliser. En effet, la frontière

---

16. Bréger Thomas, *L'accès aux médicaments des pays en développement, enjeu d'une rénovation des politiques de développement*, l'Harmattan, 2011, p.55.

Nord-Sud n'a plus vraiment de sens aujourd'hui tant il existe un Sud dans le Nord et un Nord dans le Sud. Pour le dire autrement, les inégalités de développement ne sont pas l'apanage des pays pauvres en produit intérieur brut. Au contraire, si les pays dits en développement démontrent une capacité à privilégier les classes aisées, les pays dits développés ont autant de capacité à perpétuer des inégalités sociales et économiques. De la même manière, nous pouvons utiliser les termes de pays développés et pays en développement en se basant sur les définitions de la Banque Mondiale. Mais ces termes peuvent être amplement contestés à cause de la définition du développement prôné par les institutions de Bretton Woods. En lisant Gilbert Rist[17], on pourrait même se demander si le terme de développement devrait encore être utilisé.

Si nous nous intéressons à l'accès aux médicaments dans les situations du VIH et du VHC, il pourrait nous être reproché de considérer la médecine uniquement sous une approche occidentale. Ainsi, le médicament serait la solution aux problèmes de santé. Si nous reconnaissons que les traitements pharmaceutiques sont nécessaires pour éradiquer les maladies infectieuses, la santé n'est pas uniquement dépendante de l'accès aux médicaments. On pourrait citer par exemple les conditions de travail, l'environnement ou encore les moyens de mobilité comme facteurs affectant la santé. De la même manière, les modèles de prévention sanitaire sont différents dans chaque culture et nous amènent à poser un regard relativiste sur les différents moyens de prévention qui doivent être adaptés aux contextes culturels. Cependant, le droit à la santé perçu comme une obligation de chaque Etat signataire des conventions de respecter ses engagements, est bien compris ici comme un droit universel.

---

17. Rist Gilbert, *Le développement. Histoire d'une croyance occidentale*, 3ème édition revue et augmentée, Presses de Sciences Po, 2007, 512 pages.

INTRODUCTION

Les objectifs de l'Accord des ADPIC

> « Entre 2001 et 2005, l'OMC a négocié le premier, et à ce jour le seul, amendement à l'ensemble d'accords commerciaux conclus à l'issue du Cycle d'Uruguay en 1994, à savoir le système prévu au paragraphe 6 afin d'améliorer la fourniture de médicaments aux pays ayant des capacités limitées pour la fabrication de leurs propres médicaments.(...) Maintenant que des mesures ont été prises, le débat se poursuit pour savoir si la solution trouvée fonctionne réellement, ou si elle continue de créer des obstacles. (...) L'objectif en soi n'a jamais été la délivrance d'une multitude de licences obligatoires. L'objectif était et reste l'accès à des médicaments meilleur marché pour les pauvres »[18].
>
> Pascal Lamy

Prenons-le au mot ! Cette citation fait partie d'une allocution de Pascal Lamy à la conférence de l'Organisation Mondiale de Propriété Intellectuelle (OMPI) sur la propriété intellectuelle et les questions de politiques publiques en 2009. Elle constitue un bon résumé des débats actuels sur le principal instrument juridique influant l'accès aux médicaments : l'accord sur les aspects des droits de la propriété intellectuelle qui touchent au commerce (ADPIC) ; et cet ouvrage entend contribuer à enrichir ce débat.

L'article 7 de l'Accord des ADPIC énonçait clairement les objectifs de ce texte :

> « contribuer à la promotion de l'innovation technologique et au transfert et à la diffusion de la technologie, à l'avantage mutuel de ceux qui génèrent et de ceux qui utilisent des connaissances techniques et d'une manière propice au bien-être social et économique, et à assurer un équilibre de droits et d'obligations ».

Une brève analyse des grands chiffres du champ de l'accès aux médicaments peut nous permettre de rapidement situer le débat et savoir si l'Accord des ADPIC a réussi à atteindre ces

---

18. Allocution de Pascal Lamy, le 14 juillet 2009 à la Conférence de l'OMPI sur la propriété intellectuelle et les questions de politique publique.

objectifs. En 2013, tandis que les dépenses militaires mondiales s'élevaient à 1 747 milliards de dollars US[19], le marché mondial de la pharmacie atteignait 970 milliards[20]. Marc-André Gagnon raconte que, de 1970 à 2006, le nombre de brevets pharmaceutiques émis annuellement est passé de 541 à 5498[21]. On peut aussi constater que, malgré les disparités, le transfert de technologies s'est légèrement accentué envers les pays à moyen haut revenu, autrement nommés BRICS, puisque par ordre d'importance, la Chine, la Russie, l'Inde, le Brésil et l'Afrique du Sud font partis des vingt pays où sont déposés le plus de brevets en 2012[22]. En associant les pays à haut revenu, la part totale du nombre de brevets dépasse les 95 %[23]. De plus, la base de données de l'OMPI[24] précisait qu'en 2012 pour le champ pharmaceutique, 60 % des brevets avaient été accordés dans les pays à haut revenu, 36,5 % dans les pays à moyen haut revenu et moins de 1 % dans le reste du monde.

La Chine, Cuba, le Brésil et l'Inde, ont pu développer de réelles capacités d'innovation pharmaceutique. Ainsi, « Cuba a élaboré le premier vaccin contre la méningite B. Des vaccins contre l'hépatite B produits par génie génétique ont été mis au point à Cuba, en Inde et en République de Corée. Des chercheurs chinois ont joué un rôle de premier plan dans la découverte des propriétés antipaludiques de l'artémisinine et, ensuite, dans le développement de dérivés et d'associations qui ont débouché sur une coentreprise avec la firme Novartis pour la mise au point du Coartem, l'une des principales associations médicamenteuses

19. Sam Perlo-Freeman & Carina Solmirano, *Trends in wolrd military expenditure*, Stockholm International Peace Research Institute, 2013.

20. Le Figaro, *Pharmacie : le marché mondial va croitre*, le 14 mars 2014, consulté le 19 juillet 2014 sur http://bit.ly/OxA7Gc

21. Marc-André Gagnon, Les droits de propriété intellectuelle sont-ils un écueil pour la modernité industrielle ? Le cas des brevets dans l'industrie pharmaceutique, *Revue Société*, Nota Bene, 2010, p.31.

22. Base de données de l'OMPI, consultée le 19 juillet 2014.

23. Ibid.

24. Ibid.

à base d'artémisinine qui est utilisée contre le paludisme »[25]. Néanmoins, il faut relativiser ces découvertes au regard de l'origine territoriale des nouveautés pharmaceutiques et comprendre que la plupart des industries qui innovent sont basées dans les pays à haut revenu. Une récente déclaration de Peter Thomson, qui représentait le groupe du G77 accompagné de la Chine, annonçait que 70 % des dépenses de recherche et développement étaient situées dans les pays à haut revenu. Il appelait à combler le déficit technologique des pays en voie de développement pour achever les objectifs du développement[26]. Le rapport 2013 de l'OMPI précise aussi que « one-third (16) of the top 50 applicants are active in the pharmaceuticals industry. For the second year running, Novartis AG, a Swiss pharmaceutical company, was the largest applicant in 2012, with 176 applications followed by the German pharmaceutical company Boehringer Ingelheim with 160 applications » [27].

Ces quelques statistiques nous amènent à formuler plusieurs hypothèses. Premièrement, les pays à haut revenu auraient exclusivement profité de l'Accord des ADPIC pour augmenter la quantité de leur connaissance. Il faut noter que le nombre de brevets ne garantit pas une connaissance de meilleure qualité, et même dans certains cas, représente une amélioration minime d'une innovation précédente. Les industries pharmaceutiques

25. Commission sur les droits de propriété intellectuelle, l'innovation et la santé publique, Santé publique, innovation et droits de propriété intellectuelle, OMS, 2006, p. 141.

26. Statement on behalf of the Group of 77 and China by Mr. Peter Thomson, Ambassador, Permanent Representative of Fiji to the United Nations, Chairman of the Group of 77, at the 6th session of the Open Working Group on Sustainable Development Goals (New York, 9 December 2013), consulté sur http://bit.ly/1nPKLlo le 22 juillet 2014.

27. « Environ un tiers (16) des 50 compagnies qui déposent des brevets sont issues de l'industrie pharmaceutique. Pour la deuxième année consécutive, Novartis AG, une entreprise suisse, a été celle qui a déposé le plus de brevets en 2012, avec 176 applications, suivie par l'entreprise allemande Boehringer Ingelheim, avec 160 applications », WIPO, World Intellectual Property Indicators, 2013, p. 129.

des BRICS auraient aussi développé des capacités d'innovation pharmaceutique. Mais en 2003, les pays à faible et moyen revenu représentent soixante-quinze pourcents de la population mondiale et moins de dix pourcents du marché pharmaceutique global[28]. On pourrait donc dire que l'Accord des ADPIC a contribué à la promotion de l'innovation technologique pour certains pays à faible et moyen revenu puisqu'il en est le principal instrument juridique international depuis les années 1990. Mais une innovation qui bénéficie essentiellement aux populations des pays à haut revenu qui consomment en grande majorité l'ensemble des médicaments produits, et qui laisse orphelines les recherches sur les maladies du Sud. Quant au transfert de technologie, ces premiers chiffres ne nous indiquent pas clairement si l'accord des ADPIC y a participé.

Enfin, l'accès aux médicaments, aspect qui nous intéresse le plus dans cette étude, est loin d'être universel. Vingt ans après la signature des ADPIC, seulement un tiers des personnes vivant avec le VIH/sida ont accès aux traitements antirétroviraux. Si on peut féliciter les efforts qui ont permis la mise sous traitement de 12,9 millions de personnes[29] à l'heure actuelle, ils sont largement insuffisants pour les 62 % de personnes adultes vivant avec le VIH et les 24 % d'enfants vivant avec le VIH qui n'ont pas accès aux antirétroviraux[30], mais aussi pour les 36 millions de personnes qui sont décédées de causes liées au virus depuis son apparition[31]. En outre, la problématique de l'accès aux traitements disponibles n'est pas uniquement limitée au VIH/sida. Trente ans après les débuts de cette épidémie, c'est désormais la question de l'hépatite C qui est soulevée avec 500 000 morts par an. On

28. Ellen 't Hoen, « TRIPS, pharmaceutical patents and access to essential medicines : Seattle, Doha and beyond », in : Moatti Jean-Paul, Coriat Benjamin, Souteyrand Yves, Barnet Tony, Dumoulin Jerome, Flori Yves-Antoine (dir.), Economics of AIDS and access to HIV/AIDS car in developing countries, Editions ANRS, 2003, p. 41.

29. ONUSIDA, *The Gap* Report, 2014, p. 14.

30. Ibid, p. 126.

31. OMS, factsheet VIH/sida consulté le 14 juillet sur http://www.who.int/mediacentre/factsheets/fs360/fr/

retrouve la même situation pour des maladies curables comme le paludisme, qui a causé 10,2 millions de décès depuis l'an 2000 ou encore la tuberculose, avec 3 millions de décès depuis l'an 2000[32], alors que des traitements sont disponibles. Dans la situation mondiale des personnes usagères de drogues par voie intraveineuse (PUDVI) qui ont été infectées par l'hépatite C, on estime qu'entre 1 et 2 % des personnes éligibles au traitement y ont effectivement accès[33]. On anticipe les mêmes problématiques pour les cancers[34] et bientôt pour les maladies cardiovasculaires et celles liées au tabagisme et au diabète. En 2003, on décomptait un tiers de la population mondiale qui n'avait pas accès aux médicaments essentiels[35]. En 2006, 16 % de la population mondiale consommait 78,5 % des médicaments dans le monde[36]. Si le prix reste la barrière la plus importante de l'accès aux produits de santé, il peut aussi être entravé par des problèmes logistiques, de politiques pharmaceutiques mondiales (liste des médicaments essentiels de l'OMS) et/ou nationales (liste de médicaments essentiels nationale), par le manque de ressources humaines ou encore par de mauvaises prescriptions.

32. Base de données OMS consultée le 15 juillet 2014.

33. Harris M and Rhodes T., « Hepatitis C treatment access and uptake for people who inject drugs: a review mapping the role of social factors », *Harm Reduction Journal*, 2013.

34. Le Monde, *Cancer : l'épineuse question du prix des traitements*, publié le 3 juin 2014, consulté sur http://bit.ly/1j3b0K2 le 20 juin 2014

35. Ellen 't Hoen, *op. cite*, 2003, p. 42.

36. OMS, *The World Medicines Situation*, 2011, p.3.

Droit à la santé

> « Les droits de l'Homme renforcent l'autonomie des pauvres, aident à combattre la discrimination et l'inégalité ; nécessitent la participation des pauvres ; soulignent l'importance de tous les droits dans la lutte contre la pauvreté; rendent certains choix de politique inadmissibles (par exemple ceux qui ont un effet nuisible disproportionné sur les pauvres) ; mettent l'accent sur le rôle crucial de l'assistance et de la coopération internationales ; et introduisent la notion d'obligation et, par conséquent, l'exigence de mécanismes de contrôle efficaces, transparents et accessibles »[37].
>
> Paul Hunt

Pourtant, le droit à la santé est un droit fondamental reconnu pour la première fois par la constitution de l'OMS de 1946. « La possession du meilleur état de santé qu'il est capable d'atteindre constitue l'un des droits fondamentaux de tout être humain (....). Les gouvernements ont la responsabilité de la santé de leur peuple ; ils ne peuvent y faire face qu'en prenant les mesures sanitaires et sociales appropriées »[38]. Cette même organisation définit la santé comme un état complet de bien-être physique, mental et social et qui ne peut se définir par la négative comme l'absence de maladie ou d'infirmité. La Déclaration Universelle des Droits de l'Homme de 1948 affirme aussi que « toute personne a droit à un niveau de vie suffisant pour assurer sa santé, son bien-être (...) notamment pour l'alimentation (...), les soins médicaux ainsi que pour les services sociaux nécessaires »[39]. En 1978, la Déclaration d'Alma Ata sur les soins de santé primaire vient se baser sur le droit à la santé et fixe un objectif ambitieux pour la fin du XXème

---

37. Rapport du Rapporteur spécial Paul Hunt, Le droit de toute personne de jouir du meilleur état de santé physique et mentale susceptible d'être atteint, 59e session de la commission des droits de l'Homme, E/CN/4/2003/58, 2003.

38. Constitution de l'OMS, 1946.

39. Déclaration Universelle des Droits de l'Homme, 1948.

siècle : « donner à tous les peuples du monde, d'ici l'an 2000, un niveau de santé qui leur permette de mener une vie socialement et économiquement productive »[40].

Depuis la fin de Seconde Guerre mondiale, le droit à la santé est intégré dans de nombreux textes internationaux[41]. Comme nous le rappelle Thomas Bréger[42], l'affirmation du droit à la santé est soumise à diverses interprétations. Par une approche restrictive, le droit à la santé « ne peut être qu'un droit aux soins et non un droit absolu à une santé parfaite »[43]. Cette interprétation soutenue par le Conseil économique et social des Nations Unies[44] vient alors préciser que le droit à la santé implique l'obligation pour les Etats de protéger leurs populations contre les risques sanitaires en développant les structures de santé nécessaires et en assurant l'égalité de l'accès aux soins et aux traitements. L'accès aux médicaments est donc un aspect essentiel du droit à la santé même si comme le note le Comité consultatif national d'éthique, « l'amélioration de la santé au XXe siècle a été la conséquence conjointe de trois évolutions : le progrès scientifique et technique, le développement des systèmes d'entraide solidaire et le développement culturel économique avec ses corollaires que sont l'amélioration des conditions de vie individuelles et de l'hygiène »[45]. En 2003, le

40. Déclaration d'Alma Ata, 1978.

41. Charte sociale européenne de 1961, Pacte relatif aux droits économiques, sociaux et culturels de 1966, Charte africaine des droits de l'Homme et des peuples de 1981 ou encore dans la Convention internationale sur les droits de l'enfant de 1989.

42. Bréger Thomas, *L'accès aux médicaments des pays en développement, enjeu d'une rénovation des politiques de développement*, l'Harmattan, 2011, p. 43

43. De Forges J-M, *Le droit de la santé,* Collection Que sais-je ?, Paris PUF, 2006, p. 6.

44. Conseil économique et social des Nations Unies, *Le droit au meilleur état de santé physique et mental susceptible d'être atteint*, observation générale n°14, E/C.12/2000/4, 2000.

45. Comité consultatif national d'éthique pour les sciences de la vie et de la santé, « Progrès technique, santé et modèle de société : la dimension éthique des choix collectifs » , *Les cahiers du CCNE*, n°16, 1998, cf. Benkimoun Paul,

rapporteur spécial au droit de toute personne de jouir du meilleur état de santé possible rappelle que des facteurs fondamentaux déterminent la santé comme « l'accès à l'eau salubre et potable et à des moyens adéquats d'assainissement, l'hygiène du travail et du milieu et l'accès à l'éducation et à l'information relatives à la santé, notamment la santé sexuelle et génésique »[46]. Comme le rappelle Clothilde Jourdain Fortier, « la santé reste un état de la personne qui n'est pas permanent. Il est même précaire puisqu'il ne peut être atteint que par l'intermédiaire de certains produits et services de santé que l'Etat, en vertu du droit à la santé, est tenu de mettre à disposition des individus »[47].

Mais les choix politiques faits depuis les années 80 avec l'affirmation du modèle néolibéral[48] n'ont pas favorisé le respect du droit à la santé. Bien au contraire, la pensée néolibérale défend la privatisation d'un maximum de services publics assurés jusqu'ici par l'Etat social. Contraire à l'esprit de la conférence de Philadelphie de 1944, qui affirmait que seule la justice sociale peut mener le monde vers une paix universelle, le néolibéralisme cherche à régler chaque situation par la règle du marché et du libre-échange. Son application a alors mené à une marchandisation de la santé « sous l'effet combiné des programmes d'ajustement structurel et de l'immixtion des règlementations économiques et commerciales internationales dans des champs d'intervention jusqu'ici réservés aux Etats, que ce soit en matière

« L'impact de l'innovation en médecine », *Les Tribunes de la santé*, 2004/1 n°2, p. 17.

46. Rapport du Rapporteur spécial Paul Hunt, Le droit de toute personne de jouir du meilleur état de santé physique et mentale susceptible d'être atteint, 59e session de la commission des droits de l'Homme, E/CN/4/2003/58, 2003, p. 8.

47. Bréger Thomas, op. cité, 2011, p. 31

48. Mise en place initialement par Margaret Thatcher en Grande Bretagne et Ronald Reagan aux Etats-Unis, ce modèle aussi nommé ultra libéralisme va se généraliser ensuite dans la majorité du globe, avec notamment le tournant de la rigueur en 1983 sous François Mitterrand en France. Nous reviendrons par la suite sur la puissance structurelle des Etas Unis qui a façonné durant cette période et qui initia la mutation du capitalisme industriel au capitalisme cognitif.

d'organisation des services publics ou d'accès aux produits de santé »[49]. L'initiative de Bamako de 1987 va aussi participer à l'application de la pensée néolibérale. Cette rencontre entre les ministres de la santé africains a pour objet de réformer les systèmes de santé suite aux difficultés financières des Etats. Elle introduit alors le système de tarification à la demande, système de financement privé, dans lequel les usagers des services de santé doivent en assurer les frais. Cette initiative vient alors exclure les plus pauvres des services de santé. « Plus que la maladie, la souffrance et la mort, c'est l'inaccessibilité aux soins qui constitue un scandale permanent de la fin de ce siècle »[50], comme le rappelle Dominique Kerouedan.

Dans les années 90, la chute du mur de Berlin et les avancées dans les nouvelles technologies de l'information et de la communication (NTIC) accélèrent le processus de mondialisation alors assimilé à l'internationalisation de l'économie de marché, le développement du libre-échange, du commerce mais avec un espace inférieur pour le respect des droits et de la justice sociale[51]. Cette époque est aussi celle d'une importante mutation du capitalisme toujours à l'œuvre. Avec la révolution numérique, l'économie immatérielle prend une place de plus en plus importante. André Gorz[52] nous livre alors une analyse très intéressante pour saisir

49. Bréger Thomas, op. cité, 2011, p. 30

50. Propos de Marc Gentilini cités par Dominique Kerouedan dans Dominique Kerouedan, *Géopolitique de la santé mondiale*, Leçons inaugurales au Collège de France, Collège de France / Fayard, 2013, p. 38.

51. « L'adoption et l'entrée en vigueur d'accords commerciaux multilatéraux qui, parce qu'ils investissent des domaines non strictement économiques et commerciaux, représentent pour certains le signe le plus révélateur d'une radicalisation du modèle néolibéral, en privilégiant les intérêts financiers et privés vis-à-vis des besoins humains et sociaux », cf. Bréger Thomas, *L'accès aux médicaments des pays en développement, enjeu d'une rénovation des politiques de développement*, l'Harmattan, 2011, p. 44, qui cite Fritz Jean-Claude, « La mise en jeu de la santé par la mondialisation », *Santé Publique,* 3/2003 (Vol. 15), p. 262.

52. André Gorz, *L'immatériel. Connaissance, valeur et capital*, Galilée, 2003, 152 p.

les enjeux de la nouvelle société de la connaissance. En effet, le développement des NTIC métamorphose le capitalisme industriel vers un capitalisme cognitif pour lequel la connaissance devient « la principale force sociale productive »[53]. A l'heure de cette nouvelle ère économique, l'objet principal des luttes, nous prévient Gorz, devient « l'épanouissement de toutes les forces humaines comme telles, selon aucun étalon préétabli (Marx) ; le droit à l'accès universel et illimité au savoir et à la culture ; le refus de laisser le capital s'approprier et instrumentaliser l'un et l'autre »[54]. Cette mutation vient alors profondément bouleverser les fondements du système économique en transformant le calcul de la valeur d'échange des marchandises qui n'est plus déterminée par « la quantité de travail social général qu'elles contiennent, mais principalement par le contenu de connaissances, d'informations et d'intelligence générales »[55]. En lisant ces quelques mots, nous comprenons alors rapidement l'intérêt pour notre étude de saisir les sciences politiques et économiques pour comprendre dans quel référentiel global[56] s'insère l'accès aux médicaments. Nous y reviendrons plus longument par la suite.

---

53. Ibid, p. 33.

54. Ibid, p. 31.

55. Ibid, p. 33.

56. Muller Pierre, « L'analyse cognitive des politiques publiques : vers une sociologie politique de l'action publique », in: *Revue française de science politique*, 50e année, n°2, 2000. pp. 189-208 & Faure Alain, Pollet Gilles et Warin Philippe (dir.), *La construction de sens dans les politiques publiques. Débat autour de la notion de référentiel*, Paris, L'Harmattan (Logiques politiques), 1995, 191 p.

Développement et droit à la santé

> « La santé représente l'argument qui milite le plus en faveur de la coopération internationale. L'interdépendance dans ce domaine n'est pas seulement un choix politique, c'est littéralement une question de vie ou de mort »[57].
>
> Pascal Lamy

Le modèle néolibéral est initialement pensé par la société du Mont Pèlerin, créée en 1947 par Friedrich Hayek. Il s'oppose au keynésianisme ambiant et va réussir au fur et à mesure à s'imposer comme doxa économique et politique. Ainsi, les théories du développement des années 60, et notamment de celle du take off de Walt Whitman Rostow vont esquisser une classification des pays en fonction de leur niveau de développement. Il est alors compris sous le paradigme de l'industrialisation selon une linéarité sans faille menant à la société de consommation de masse. Pour les néolibéraux de cette époque, et encore aujourd'hui, le développement se mesure par le Produit Intérieur Brut, prenant alors la croissance économique comme seul et unique repère. Par conséquent, l'objectif des Etats est désormais de favoriser par tous les moyens la croissance économique en adoptant des mesures de libre échange commercial. Les retombées de la croissance doivent alors, selon la théorie de l'effet de ruissellement, permettre aux populations les plus pauvres d'augmenter leur niveau de vie. La théorie développée par le chancelier allemand Helmut Schmidt, qui annonce que les profits d'aujourd'hui sont les investissements et les emplois de demain, servit aussi de support à l'idéologie néolibérale.

L'héritage de la société du Mont Pèlerin sera repris par l'école de Chicago qui eut pour tête de file l'économiste Milton Friedman. Influente, cette école de pensée arrivera à peser sur les institutions de Bretton Woods et les principaux gouvernements occidentaux. Nous sommes alors en pleine décolonisation et

57. Allocution de Pascal Lamy, le 14 juillet 2009 à la Conférence de l'OMPI sur la propriété intellectuelle et les questions de politique publique.

les Etats anciennement colonisés se retrouvent rapidement endettés, une dette qualifiée d'illégitime et odieuse par le Comité d'Annulation de la Dette du Tiers Monde puisque issue d'un enrichissement personnel des dirigeants non démocrates des pays décolonisés[58]. Dans les années 1980, suite à une remontée exceptionnelle des taux d'intérêt de la Réserve Fédérale américaine, les pays à faible et moyen revenu se retrouvent en crise et doivent faire appel aux institutions bancaires internationales. La réponse donnée par le Fond Monétaire International (FMI) et la Banque Mondiale, appelée Consensus de Washington[59], poussera les Etats du Sud à appliquer les réformes néolibérales pensées par la société du Mont Pèlerin et l'école de Chicago. C'est l'heure des plans d'ajustements structurels qui ont pour objectif l'intégration des économies émergentes par, dans un premier temps, la libéralisation des marchés intérieurs, pour ensuite les ouvrir aux capitaux étrangers. « Cette stratégie implicite du programme de réforme structurelle était d'assainir les finances publiques et de

58. Anaïs Tamen, *La doctrine de la dette « odieuse» ou : l'utilisation du droit international dans les rapport de puissance,* présentée lors du 3ème colloque de Droit International du Comité pour l'Annulation de la Dette du Tiers-Monde, décembre 2003, 27 p.

59. « Les promoteurs et défenseurs du consensus de Washington prônant un libéralisme économique fort ont oublié que l'État est toujours intervenu pour organiser les marchés, soutenir sélectivement des industries, fournir des crédits, restreindre la concurrence des importations, promouvoir les réseaux de commercialisation à l'exportation, limiter le nombre de producteurs étrangers sur le territoire national. Ceci est totalement opposé au modèle du laisser-faire et loin des préconisations du consensus de Washington. Comme le notent Stiglitz et Charlton (2007, 46) : « Les pays qui ont réussi à se développer dans les cinquante dernières années l'on fait en mettant en oeuvre des politiques économiques inventives et originales. Jusqu'à présent, pas un seul n'y est parvenu en suivant une stratégie de pure allégeance au marché » cf. Le Bas Christian, « Droits de propriété intellectuelle et développement. Quelques repères et analyse préliminaire sur l'économie post-TRIPS », *Mondes en développement*, 2009/3 n° 147, p. 48.

réduire l'intervention de l'Etat dans l'allocation des ressources, dans le but de contenir l'inflation et de rétablir l'équilibre budgétaire et des opérations courantes »[60].

Privatisation des services sociaux publics (l'éducation et la santé particulièrement visées), renforcement des services régaliens de l'Etat, abaissement des barrières douanières, mise en place d'une agriculture d'exportation sont alors les principales réformes qui doivent mener au développement et permettre le passage d'une société traditionnelle à une société industrielle. Cette pensée repose sur l'idée que les investissements extérieurs augmenteront car ils seront attirés par des économies attractives et compétitives, ce qui à terme permettra une augmentation de la production marchande et donc de la croissance économique. Mais cette théorie a une limite certaine : forcer la compétition permanente entre tous les Etats finit par abaisser toutes règlementations sociales, économiques ou environnementales. On perçoit alors la stricte distinction avec l'esprit de la conférence de Philadelphie qui souhaitait au contraire harmoniser les conditions de production économique à travers le monde[61]. Enfin comme le précise Thomas Bréger, « dans les cercles économiques dominants ; (...) les dispositions des conventions relatives aux droits de l'Homme, y compris celles relatives au développement, ne sont jamais interprétées comme entrant en contact, et encore moins en conflit avec les pratiques et les normes économiques libérales que mettent en place les accords GATT/OMC et les institutions financières internationales. Elles ne sont pas un obstacle au développement du droit économique tel qu'il est conçu actuellement à l'échelle internationale »[62].

---

60. CNUCED, Chapitre 2 « L'évolution des stratégies de développement - Au-delà du Consensus de Monterrey », in : *Rapport sur le commerce et le développement*, 2006, p. 43.

61. Alain Supiot, *L'esprit de Philadelphie, la justice sociale face au marché total*, Seuil, 2010, p. 178.

62. Bréger Thomas, op. cité, 2011, p. 26.

Joseph Stiglitz, qui est alors chef économiste de la banque mondiale jusqu'en 2000, dénonce après son départ les torts causés par les plans d'ajustement structurel[63]. Par une analyse comparative entre différents pays émergents, il constate que le Japon, pays détruit après la Seconde Guerre mondiale, réussit rapidement à devenir un nouveau pays industrialisé. Il a en effet misé sur des réformes contraires à celles du Consensus de Washington en développant un fort système d'éducation et de santé publique. Dans la même période, un autre économiste, Amartya Sen, va venir bousculer le champ théorique du développement. Dans son ouvrage, un nouveau modèle économique : développement, justice et liberté[64], il propose un nouveau paradigme du développement. Co-auteur avec Mahbub ul Haq de l'indice de développement humain dans les années 90, Sen pense le développement selon les capacités, les libertés réellement effectives, et non plus selon l'unique perspective de la création de richesse. Pour Sen, la création de richesse n'est qu'un moyen en vue d'une fin bien supérieure. « Il est tout aussi important de reconnaître le rôle crucial que joue la richesse dans les conditions de vie et la qualité de la vie que d'apprécier le caractère variable et aléatoire de cette relation »[65].

Dans les années 90, le Programme des Nations Unies pour le Développement (PNUD) édite son premier rapport sur le développement humain et reprend la pensée de Sen en s'éloignant de la pensée néolibérale. De son point de vue, le développement est un processus qui doit élargir « la gamme des possibilités qui s'offrent à chacun. En principe, elles sont illimitées et peuvent évoluer avec le temps. Mais, quel que soit le stade de développement, elles impliquent que soient réalisées trois conditions essentielles : vivre longtemps et en bonne santé, acquérir un savoir et avoir accès aux ressources nécessaires pour jouir d'un niveau

63. Joseph Stiglitz, *La grande désillusion*, Le livre de poche, 2003, 407 p.

64. Armatya Sen, *Un nouveau modèle de développement économique*, Odile Jacob, 2003, 368 p.

65. Armatya Sen, *Santé et développement*, allocution d'orientation prononcée à la Cinquante-Deuxième Assemblée mondiale de la Santé le 18 mai 1999, 8 p.

de vie convenable. Si ces conditions ne sont pas satisfaites, de nombreuses possibilités restent inaccessibles »[66]. Quarante et un ans après le discours de Harry S. Truman, ancien Président des Etats-Unis, qui introduisait la notion de sous-développement et qui exigeait que l'on « mette les avantages de notre avance scientifique et de notre progrès industriel au service de l'amélioration de la croissance des régions sous-développées »[67], le PNUD vient officialiser un nouveau paradigme du développement, celui du respect des droits humains fondamentaux compris selon le droit international des droits de l'Homme.

Lors d'une allocution prononcée à la cinquante-deuxième Assemblée mondiale de la Santé, Amartya Sen rappela sa pensée spécifique sur le lien entre santé et développement. En comparant l'espérance de vie et le revenu des habitants Afro-américains à ceux des habitants du Kerala, il constate que les indiens vivent plus longtemps que les noirs américains alors que leurs revenus relatifs sont inférieurs. « Ces contrastes (...) sont dus entre autres au contexte social et à des éléments de la vie communautaire tels que la couverture médicale, les soins de santé publique, l'enseignement élémentaire, l'ordre public, la violence, etc. »[68]. L'accès à la santé est donc déterminé par de nombreux facteurs, malgré la corrélation entre le Produit National Brut et l'espérance de vie, et il dépend de « la manière dont on utilise les fruits de la croissance »[69]. Sen conclut son intervention en cinq points :

> « l'amélioration de la santé est consubstantielle au développement »,
>
> « santé et prospérité économique ont tendance à se renforcer mutuellement »,

---

66. PNUD, *Définir et mesurer le développement humain*, Rapport sur le développement humain 1990, p. 10.

67. Rist Gilbert, *Le développement. Histoire d'une croyance occidentale*, 3è édition revue et augmentée, Presses de Sciences Po, 2007, pp. 127-145.

68. Ibid. p. 3.

69. Ibid. p. 5.

« l'amélioration de la santé peut bénéficier de divers types d'action, notamment des politiques menées par les pouvoirs publics (par exemple, la création d'un service épidémiologique et la mise en place d'un système de soins)»,

« lorsqu'une économie est pauvre, on peut améliorer la santé dans d'importantes proportions en utilisant les ressources disponibles d'une manière qui soit socialement productive »,

« le problème de l'affectation sociale des ressources économiques ne peut être dissocié du rôle que peuvent jouer une politique de participation et un débat public éclairé »[70].

Le marché de la maladie

La mondialisation entraîne une importante augmentation des échanges et des mouvements humains qui a aussi pour conséquence une mondialisation des risques sanitaires. Évidemment, cette exposition aux maladies venues d'ailleurs ne date pas d'hier. La mondialisation, comprise comme le processus par lequel le monde devient monde, est un phénomène qui existe depuis l'Antiquité, et l'on peut sans doute dater ses débuts avec l'extension de l'empire grec d'Alexandre le Grand. Déjà à l'époque, les transports maritimes suspects étaient alors mis en quarantaine afin de contrôler la propagation des maladies et c'est dès le Moyen-âge que fut introduite la première coopération sanitaire internationale[71]. Toutefois, cette coopération avait un désir plus important de réduire les coûteuses mesures de quarantaine pour le commerce à mesure que celui-ci se développait, que de vaincre la propagation des épidémies du XIXe siècle[72]. Les échanges humains se sont intensifiés avec l'explosion du commerce international dans la fin du XXème siècle. Ainsi, « le

70. Ibid. p. 8.

71. Bréger Thomas, *op. cité*, 2011, p. 44.

72. Dominique Kerouedan, *Comment la santé est devenue un enjeu géopolitique, la sollicitude intéressée des grandes puissances*, le Monde Diplomatique, juillet 2013, consulté sur http://bit.ly/1n165oS le 17 aout 2014.

virus de la dengue (...) fût introduit aux Etats-Unis durant les années 1980 dans une cargaison de pneus usagés en provenance du Nord de l'Asie. De la même manière, le choléra fût importé au Pérou en 1991 provoquant une flambée épidémique à l'échelle continentale en à peine quelques semaines »[73].

Désormais, la santé d'une société ne peut plus uniquement être comprise par des facteurs nationaux. C'est en 1997 que le terme de santé mondiale apparait pour la première fois dans un rapport de l'Institute of Medecine[74]. Et tout comme le capitalisme contemporain est facteur de production d'inégalités économiques, sociales et politiques[75], il développe de larges inégalités dans le respect du droit à la santé[76]. « Les inégalités de santé s'inscrivent dans le sillage des inégalités économiques et sociales »[77] comme l'écrit Dominique Kerouedan. Cette fracture sanitaire doit être principalement appréhendée selon une tension existante entre des acteurs privés, dont les industries pharmaceutiques, et la puissance publique qui, progressivement, est poussée à se mettre en retrait[78]. On constate alors le développement d'une forme de « marché de la maladie au profit des nouveaux grands acteurs privés transnationaux, dans la logique du droit des affaires, c'est à dire privilégiant les dimensions commerciales et financières »[79]. L'intégration de la logique néolibérale dans le

73. Ibid, p. 35.

74. Dominique Kerouedan, *Géopolitique de la santé mondiale*, Leçons inaugurales au Collège de France, Collège de France / Fayard, 2013, p. 20.

75. « Les 1 pour cent les plus riches de la population mondiale possèdent environ 40 pour cent des richesses mondiales, alors que la moitié la plus pauvre n'en possède pas plus de 1 pour cent» , cf. PNUD, L'humanité divisée : combattre les inégalités dans les pays en développement, 2013, p. 2.

76. Bréger Thomas, *op. cité*, 2011, p. 33.

77. Dominique Kerouedan, *op. cité*, le Monde Diplomatique, juillet 2013, consulté sur http://bit.ly/1n165oS le 17 aout 2014.

78. Ibid.

79. Fritz Jean-Claude, « La mise en jeu de la santé par la mondialisation », *Santé Publique* 3/ 2003 (Vol. 15), p. 262.

champ de la santé nous interroge alors sur sa possibilité à assurer le respect du droit à la santé pour tous, et comme le formulent Chastonay et Froidevaux :

> « dernier rempart des droits humains fondamentaux, la santé va-t-elle aussi chavirer sous les coups de boutoir des intérêts économiques dominants ? »[80].

Dans cet ouvrage, nous tenterons de répondre partiellement à cette interrogation sous le prisme de la situation de l'accès aux traitements de l'hépatite C et du VIH/sida dans les pays à faible et moyen revenu. L'accès aux traitements du VIH et du VHC, pourtant existant et efficace, est largement insuffisant. La situation sanitaire liée à l'hépatite C est préoccupante et semble similaire à l'épidémie du VIH une trentaine d'année auparavant. Elle concerne l'ensemble de l'humanité et des médicaments sont disponibles mais inaccessibles puisque protégés par des brevets pour l'immense majorité des personnes infectées. Le mode de transmission, par contact sanguin, explique que certaines populations spécifiques en particulier, les usagers de drogues par voie intraveineuse, soient touchées de manière disproportionnée par la maladie.

En effet, 67 % des injecteurs seraient infectés par le VHC[81], et ils enregistreraient 70% des nouvelles infections[82]. Comme au début de l'histoire du sida, le VHC touche des populations marginalisées avant tout, dont les personnes homosexuelles en plus des usagers de drogues dans le cas du sida. On pourra se pencher sur les déterminants socioculturels de ces populations, afin d'interroger le respect du droit à la santé pour tous. Dans les deux

80. Paspart J-P, Chastonay Ph. & Froidevaux D., « L'économie contre la santé : un devoir de résistance pour la santé publique », in : Rainhorn J-D et Burnier M-J (dir.), *La santé au risque du marché : incertitudes à l'aube du XXIe siècle*, PUF, coll Enjeux, 2001, pp. 267-278, cité dans Thomas Bréger, *L'accès aux médicaments des pays en développement, enjeu d'une rénovation des politiques de développement*, l'Harmattan, 2011, p. 42.

81. Médecins du Monde, *Nouveaux traitements de l'hépatite C : Stratégies pour atteindre l'accès universel,* Paris, 2014, p. 4.

82. Ibid., p.8.

situations, la société prend beaucoup de temps pour qualifier l'urgence de la situation, et pire, la criminalisation intense de l'usage de drogues provoque des dégâts sanitaires plus importants[83]. Médecins du Monde comme d'autres ONG, ont choisi de s'inspirer de la même stratégie de plaidoyer que celle développée pour l'accès aux premiers traitements antisida à partir de 1996, c'est-à-dire de favoriser la compétition économique par la production de copies de médicaments pour permettre une baisse drastique des prix. Cependant, le contexte international a changé en vingt ans. Lors d'une allocution au vingt cinquième anniversaire du Conseil National du Sida le 11 avril 2014, Michel Kazatchkine, rapporteur spécial des Nations Unies pour le VIH/sida en Europe de l'Est et en Asie centrale, est venu décrire ce changement en mettant en relief les éléments suivants :

- recul du multilatéralisme au profit du bilatéralisme,
- effacement de la notion des biens publics mondiaux,
- perte de leadership politique international,
- faible solidarité internationale,
- changement démographique,
- multipolarisation du monde avec la montée en puissance des BRICS (Brésil, Russie, Inde, Chine et Afrique du Sud),
- urbanisation,
- individualisation plus importante,
- commercialisation plus intense, notamment de la santé,
- croissance de la portion des usagers de drogues dans les nouvelles infections.

Et c'est au regard de ce changement de contexte, qu'il nous faut désormais analyser les déterminants d'accès aux traitements, pour savoir si nous pouvons toujours jouer sur les mêmes éléments décisifs qui permirent l'extension de la couverture médicale mondiale des personnes atteintes par le VIH/sida. Il est néanmoins nécessaire de rappeler que, malgré les formidables progrès qui ont permis d'assurer en une dizaine d'années des

---

83. Global Commission on drug policy, *The negative impact of the war on drugs on public health : the hidden hepatitic C epidemic*. 2013, 24 p.

traitements antirétroviraux pour 12,9 millions de personnes en 2013, seulement 34 % des 28,6 millions de personnes éligibles aux traitements antirétroviraux bénéficient d'une couverture médicale[84]. Les progrès sont donc notables mais toujours largement insuffisants. Comme l'expliquait Michel Kazatchkine, il est nécessaire de trouver un système stable pour toutes les maladies et pour toutes les personnes.

Au regard des épidémies du VIH et du VHC, il faut interroger le système des ADPIC, pour comprendre comment l'accès aux médicaments a évolué depuis l'introduction d'une règlementation contraignante. Cet accès n'est pas uniquement dépendant du prix, même s'il reste une contrainte majeure, mais aussi de trois autres éléments : « une sélection et une utilisation rationnelles, un financement durable et des systèmes d'approvisionnement fiables »[85]. En 2002, une étude conjointe de l'OMS et du secrétariat de l'OMC[86], a analysé comment les accords de l'OMC « peuvent influencer la santé et les politiques de santé »[87]. Elle rappelle que l'accord des ADPIC a pour objectif d'aider à soutenir un équilibre entre l'innovation pharmaceutique et l'accès aux traitements à « un prix abordable »[88] . Mais comme nous l'avons vu dans la première partie de l'introduction, d'une part la recherche pharmaceutique néglige les maladies qui concernent particulièrement les populations les plus pauvres, et d'autre part les médicaments ne sont pas accessibles à toutes les personnes qui en auraient besoin.

Nous étudierons donc dans un premier temps l'organisation juridique internationale qui régule la propriété intellectuelle, pour comprendre quelles règles ont été instituées par l'Accord des ADPIC et comment elles prévoient d'assurer l'accès aux

---

84. ONUSIDA, *Rapport mondial sur l'épidémide mondiale de sida 2013*, p. 6.

85. OMS & OMC, *Les accords de l'OMC et la santé publique, étude conjointe de l'OMC et du secrétariat de l'OMC*, 2002, p. 96.

86. Ibid.

87. Ibid, p. 11.

88. Ibid, p. 12.

médicaments pour tous. Fruit d'un compromis entre le droit à la santé et les droits de propriété intellectuelle, cet accord a fini par être amendé par différentes déclarations, dont la plus célèbre celle de Doha, suite à une importante mobilisation de la part d'un groupe de pays à faible et moyen revenu et de la société civile. Dans une deuxième partie, nous étudierons aussi les stratégies des industries pharmaceutiques et des différents Etats afin de saisir leur positionnement et de comprendre la géopolitique du médicament, pour en déduire des perspectives dans le cadre de l'évolution de la mondialisation. Puis, nous avons choisi de confronter ce système au contexte contemporain en analysant les différents déterminants de l'accès aux médicaments de l'hépatite C en s'inspirant de la lutte contre le VIH. L'histoire de la lutte contre le sida est en effet très révélatrice du fonctionnement de ce système puisque qu'une grande partie de la mobilisation a eu - et a toujours - pour objectif l'accès universel aux traitements antirétroviraux. La société civile et les Etats ont fait preuve d'une mobilisation sans précédent qui a contribué grandement à la réduction des prix des traitements antirétroviraux. L'analyse de l'accès aux traitements dans le cadre de ces deux épidémies nous permettra alors de comprendre pourquoi il n'est toujours pas universel et sur quels axes il est nécessaire de travailler afin de favoriser le respect du droit à la santé pour tous.

L'ORGANISATION JURIDIQUE INTERNATIONALE QUI RÉGULE L'ACCÈS AUX MÉDICAMENTS

Avant de comprendre la lutte pour l'accès aux médicaments dans les cadres du VIH/sida et de l'hépatite C, il convient de saisir les aspects généraux de l'accès aux médicaments qui est un aspect essentiel du droit à la santé. Dans cette partie, nous tenterons d'appréhender l'organisation juridique internationale qui a été mise en place pour réguler l'accès aux médicaments. Il s'agit dans un premier temps de décrire la marchandisation de la santé qui transforma au fur et à mesure la question du médicament en « affaire privée » (I).

Dans un second temps, nous étudierons plus en détails l'accord sur les aspects des droits de propriété intellectuelle (ADPIC) qui touchent au commerce. Ce texte marque l'aboutissement de la privatisation de l'accès aux médicaments et il est donc nécessaire d'expliquer le système juridique qu'il met en œuvre et les flexibilités qui sont permises aux Etats pour favoriser l'accès aux médicaments pour tous (II). La difficile conciliation du droit à la santé avec les droits de propriété intellectuelle exigea des clarifications sur les ambiguïtés de l'accord, qui seront apportées successivement par les Déclarations de Doha, de Cancun et de Hong Hong (III).

CHAPITRE I
L'ORGANISATION DE LA MARCHANDISATION DE LA SANTÉ

> « Le principe est bel et bien celui de « réduire les distorsions et les entraves en ce qui concerne le commerce international »[89] en tenant compte de la nécessité de promouvoir une protection efficace et suffisante des droits de propriété intellectuelle. A l'OMC et dans le cadre de l'ADPIC, le médicament est avant tout perçu, en dépit de ses implications sociales, de sa position stratégique au sein des politiques de santé publique et des liens qui l'unissent au droit à la santé, comme un objet présentant de fortes potentialités économiques. Le médicament et son accès sont donc progressivement devenus « une affaire privée» au cœur d'un marché mondial et prospère qui atteignait 669 milliards de dollars US en 2007[90] »[91].
>
> Thomas Bréger

Dans cette partie, nous présenterons le champ pharmaceutique et son environnement, ainsi que leurs évolutions au cours du XXème siècle. Cette industrie a connu une fulgurante expansion dans les années 1930, pour ensuite connaître un fort ralentissement de ses capacités d'innovation dans les années 1970. Ce changement brutal a entraîné un tournant dans la stratégie des industries et une volonté de protéger leur innovation afin de conserver leur dynamisme économique. Cette nouvelle stratégie fut accomplie par la naissance d'une juridiction internationale, l'organisation mondiale du commerce, désormais chargée du respect des droits de propriété intellectuelle.

89. Paragraphe 1 du préambule de l'Accord sur les ADPIC.

90. Source IMS Health 2007.

91. Bréger Thoma, *op. cité*, 2011, p. 66.

L'essor de l'industrie pharmaceutique

Dans le champ sanitaire, les innovations technologiques apparaissent à la même période que la seconde révolution industrielle du XIXe siècle. Pour reprendre la théorie de Schumpeter[92], cette période est caractérisée par un processus de destruction créative entraînant une reconfiguration du secteur économique. La découverte de l'électricité et du pétrole va engendrer l'industrialisation de l'Occident et va alors permettre le déploiement de ressources dans de nouveaux secteurs. Des années 1930 à 1970, la recherche pharmaceutique va prendre tout son essor : synthèse des sulfamides en 1935, premiers antibiotiques en 1949, premiers neuroleptiques dans les années 50, antihypertenseurs et bêtabloquants dans les années 60[93], etc. L'expansion coloniale du début du XXe siècle entrainera l'exposition des colons à des pathologies absentes de leurs territoires d'origine et une recherche conséquente en médecine tropicale.

Ces recherches seront abandonnées dans la période postcoloniale et les maladies tropicales sont devenues des maladies dites négligées « car les territoires et populations affectés n'étaient plus dignes d'intérêts économiques ou stratégiques »[94] comme le souligne Trouiller et Chevallier-Brilloit. De 1975 à 1997, sur 1223 nouvelles entités chimiques commercialisées, seules 379 sont considérées comme de véritables innovations thérapeutiques mais 13 seulement sont conçues pour les maladies tropicales[95]. « 0,2% des recherches seulement sont orientées vers le combat contre la tuberculose, la pneumonie et la diarrhée qui

---

92. Schumpeter Joseph, Capitalisme, socialisme et démocratie, Payot, 1990, 417 pages.

93. Trouiller Patrice, Chevallier-Brilloit Christine, « Diffusion et accès à l'innovation médicale dans les pays en voie de développement. Une bataille perdue ? », *Les Tribunes de la santé* 1/ 2004 (n° 2), p. 74.

94. Ibid., p. 75.

95. Pécoul B., Chirac P., Trouiller P., Pinel J., « Access to essential drugs in poor countries: a lost battle ? », Journal of the American Medical Association, 281, 1999, p. 361-367.

touchent 18 % des malades, surtout dans le tiers-monde »[96]. La recherche est orientée sur de nouveaux axes liés au vieillissement de la population occidentale[97]. De par son organisation actuelle, le système pharmaceutique mondial est dans l'incapacité de répondre aux problèmes sanitaires des pays aux ressources limitées. Comme le démontre une partie de la thèse de Thomas Bréger, cette insuffisance tient d'une part à la « structure et à l'évolution structurelle propre au marché mondial de l'innovation pharmaceutique depuis deux ou trois décennies, mais également aux déficiences économiques, politiques et sociales de bon nombre de PED »[98], qui n'ont pas réussi à influer sur les politiques économiques mondiales aux bénéfices de leurs populations. Il en résulte une « marginalisation structurelle de ces pays vis-à-vis du marché mondial du médicament »[99].

Les années 1970 marquent la libéralisation des économies des pays anciennement colonisés et la fin de la « révolution thérapeutique ». Les industries pharmaceutiques, notamment américaines, cherchent à étendre leurs parts de marché et à se protéger en conséquence d'une concurrence qui copiait jusqu'ici leurs inventions sans aucune contrainte juridique internationale. Ce secteur se caractérise par les difficultés et les coûts liés à l'innovation, alors que la production, et donc la reproduction, ne nécessitent pas des moyens très élevés. L'arrivée d'un nouveau composant sur le marché est précédée par quatre phases[100] : le recherche fondamentale, la phase de découverte qui explore les possibilités d'application des innovations fondamentales en développant de nouvelles molécules pour un objet précis, la phase de développement qui est composée des différents stades d'essai clinique et qui aboutit pour les produits réussis à une demande d'autorisation de mise sur le marché, et enfin la phase de distribution, de mise à disposition du nouveau médicament aux patients. A la fin

96. PNUD, *Rapport sur le développement humain*, 1999, p. 69.

97. Krikorian Gaelle (2004), *op. cité*, p. 2..

98. Bréger, *op. cite*, pp. 78-79

99. Bréger, *op. cité*, p. 79

100. Rapport de la Commission sur les Droits de Propriété intellectuelle, l'Innovation et la Santé publique, 2006, p. 30

de chaque étape des pertes importantes sont réalisées à cause de l'aspect complexe, incrémentale et très expérimental de l'innovation pharmaceutique.

Dans un environnement économique néolibéral qui pousse à la concurrence et à la recherche du profit maximum, la protection de l'innovation est en conséquence une des principales préoccupations des dirigeants pour conserver le dynamisme des industries pharmaceutiques. « Si durant les années 1960-1970, près de cent nouveaux médicaments étaient mis sur le marché mondial chaque année, seulement 33 l'ont été en 1975, puis 25 en 1985 et 15 en 1990 »[101]. D'après Pignard[102], la réduction du nombre d'innovations pharmaceutiques est principalement due à un changement de paradigme de la science clinique. D'une science sans éthique où nombre de chercheurs mènent des projets de recherche sans en avertir les patients, la recherche médicale va être de plus en plus contrôlée afin de réduire les risques importants pour les patients. La réussite du développement économique des industries pharmaceutiques ne dépend désormais plus de l'innovation mais de la protection des innovations. Les responsables des compagnies changent alors de stratégie et poussent les dirigeants politiques à défendre les droits de propriété intellectuelle au niveau international.

---

101. Bréger, *op. cite*, p. 85

102. Pignard, p. 47 et suivantes.

La naissance du droit à la propriété intellectuelle des médicaments

La première convention internationale portant sur la propriété intellectuelle est la Convention de Paris de 1883. Cette convention instaure deux grands principes : d'une part, la même protection doit être accordée aux demandeurs étrangers et aux demandeurs locaux (article 2) et, d'autre part, suite à une demande de protection, le déposant bénéficie d'un droit de priorité, d'une immunité, de douze mois pour les brevets et six mois pour les marques, afin de protéger son invention dans les autres pays (article 11). Elle se base sur l'historique loi vénitienne de 1474, la Parte Veneziana, qui, d'après Serge Lapointe, dicte quatre principes justifiant la création des brevets :

- « encouragement à l'activité inventive ;
- compensation des frais encourus par l'inventeur ;
- droit de l'inventeur sur sa création ; et surtout
- utilité sociale de l'invention »[103].

Cette loi énonce aussi trois critères de brevetabilité, pour faire l'objet d'un privilège, l'invention doit être :

- « nouvelle, c'est à dire n'avoir jamais été réalisée auparavant sur le territoire de la République » (nouveauté locale) ;
- « ingénieuse » (concept de la non-évidence) ;
- « au point, de manière à être utilisée et appliquée » (concept de l'utilité) [104].

Ces quatre arguments justifiant la création de brevets et ces trois critères de brevetabilité sont toujours les mêmes principes qui guident aujourd'hui la propriété intellectuelle.

---

103. Lapointe Serge, L'histoire des brevets, Leger Robic Richard, 2000, p.4, consulté le 9 juin 2014 sur http://ladoc.ffii.fr/246-SLA.pdf

104. Ibid.

La Convention de Paris sera complétée par la Convention de Berne en 1886 qui a pour objectif de protéger la propriété littéraire et artistique. Si elles ont pour but d'harmoniser les législations nationales, la propriété intellectuelle relève cependant toujours de la compétence territoriale des Etats et il faudra attendre les années 1990 pour qu'une harmonisation contraignante des législations soit appliquée. En effet, en 1989, les produits pharmaceutiques étaient une exception à la propriété intellectuelle « dans près de la moitié des 101 pays de la Convention de Paris »[105]. Le brevet confère alors à l'inventeur un droit exclusif afin « d'empêcher des tiers de fabriquer, vendre, distribuer, importer ou utiliser son invention, sans concession de licence ou d'autorisation, pour une durée fixée »[106]. Néanmoins, malgré ces droits exclusifs, il est nécessaire de préciser qu'un brevet est traditionnellement délivré afin que l'inventeur divulgue son invention et permette son exploitation industrielle par un tiers. Ce système permet alors l'inclusion de nouvelles connaissances dans l'ensemble des savoirs, qui peuvent être utilisées pour de nouvelles recherches.

Depuis la ratification de la Convention de Paris, plusieurs autres organisations ont été créées à travers le monde (Organisation Africaine de la Propriété Intellectuelle en 1962, Union Internationale de Coopération en matière de Brevets en 1970, Organisation Européenne des Brevets en 1973, African Regional Industrial Property Organisation en 1976). Mais si jusqu'ici les médicaments faisaient exception à la propriété intellectuelle[107], l'essor de l'industrie pharmaceutique dans la seconde moitié du XXème siècle va pousser ses dirigeants à militer pour le respect du droit des brevets sur les médicaments. Comme le souligne Gaelle Krikorian, ce « n'est qu'à partir de la fin des années 1970 que la pression pour la mise en place d'un cadre juridique international fixant un niveau minimum de protection

---

105. Remiche B. & Desterbecq H., « Les brevets pharmaceutiques dans les accords du GATT : l'enjeu ? », Revue Internationale de Droit Economique, 1/1996, p. 13.

106. Bréger Thomas, *op. cite,* 2011, p. 62.

107. Remiche B. & Desterbecq H., *op. cité*, 1996, p. 13.

de la propriété intellectuelle s'intensifie »[108]. Nous sommes alors en pleine négociation internationale du General Agreement on Tarifs and Trade (GATT) et les firmes agissent auprès des responsables politiques pour introduire le respect du droit à la propriété intellectuelle sur les médicaments dans les négociations, en instaurant un standard minimum de normes de protection internationale. Jusqu'à aujourd'hui, elles arguent que les brevets ne sont pas une barrière pour l'accès aux médicaments et que sans eux, la recherche et le développement pharmaceutique ne pourraient exister[109].

Les Etats-Unis et les pays industrialisés sont les principaux acteurs de l'avènement des droits de propriété intellectuelle au niveau global[110]. Les lobbies de l'industrie pharmaceutique américaine, PhRMA en particulier, ont fait pression sur le gouvernement. En 2003, Philippe Pignard recense 297 lobbyistes professionnels, soit un pour deux membres du congrès[111]. « En 1999-2000, les dix premiers laboratoires pharmaceutiques américains ont contribué pour 10 millions de dollars aux campagnes électorales. Une raison pour que ceux qui sont aujourd'hui au pouvoir, et qui ont été particulièrement favorisés, ne les oublient pas »[112]. Suite à une requête devant le Représentant du Commerce américain, ce dernier « entama dans les années 1980 une politique de renforcement du système international de propriété intellectuelle »[113]. Les Etats-Unis ont renforcé leur positionnement économique en 1974, puis en 1984, par une loi sur le commerce et les tarifs[114]. Elle permet d'appliquer des sanctions commer-

108. Krikorian Gaelle, *op. cité*, 2004, p. 3.

109. Ellen 't Hoen, *op.cité,* 2003, p. 55

110. Varella Marcelo D., « L'organisation mondiale du commerce, les brevets, les médicaments et le rapport nord-sud : un point de vue du sud », *Revue internationale de droit économique*, 2004/1 t. XVIII, 1, p. 83.

111. Phillippe Pignard, *Le grand secret de l'industrie pharmaceutique*, La Découverte, 2003, p. 14

112. Ibid.

113. Varella Marcelo D., *op. cité,* 2004/1 t. XVIII, 1, p. 83.

114. Trade Act of 1974.

ciales unilatérales en cas de législation protectionniste. Les mesures qui s'appliquent dans le cadre de la propriété intellectuelle sont décrites dans la section 301 et 502b. La fameuse liste 301 énumère les Etats faisant l'objet d'investigation et contre lesquels des sanctions sont nécessaires pour convertir leur législation au libre-échange[115]. La première liste fut émise en 1989[116]. La protection des brevets est introduite très tardivement dans les pays européens dans les années 60-70 après la révolution thérapeutique. Pour Coriat et Orsi, l'ingénierie inversée, soit l'étude d'un objet pour comprendre son processus de fabrication et être en capacité de le copier, a permis le développement des industries pharmaceutiques des pays à haut revenu autres que celle des Etats-Unis[117]. La France a ainsi refusé d'intégrer les droits de propriété intellectuelle, demande exigée par les Etats-Unis, avant que son industrie ne soit développée[118]. De même pour la Suisse, où les brevets ne seront introduits qu'à partir de 1977 et qui construira son industrie grâce à la copie de médicaments[119].

---

115. « *La section « 301 Spéciale « regroupe un ensemble de dispositions de la Loi américaine du commerce extérieur (adoptée en 1988), entièrement dédiées à la défense de la propriété intellectuelle. Ces dispositions permettent aux États-Unis d'enclencher des actions unilatérales (ie : sans accord préalable de l'OMC), lorsqu'ils considèrent que les droits de leurs firmes nationales en matière de DPI ne sont pas respectés. Ces dispositions ont été conçues et utilisées comme un moyen de pression pour favoriser l'adoption des ADPIC et sont présentées et analysées en détail dans (Bayard et Eliott, 1994) ainsi que dans (Zhang, 1994). Pour une critique de ces dispositions voir (Bhagwati, 1991). Pour une analyse de la dimension « impériale « de la législation américaine dans ces matières, voir (Radomski, 2000; Coriat 2002).* » cf. Benjamin Coriat et Fabienne Orsi, « Brevets pharmaceutiques, génériques et santé publique. Le cas de l'accès aux traitements antirétroviraux », *Économie publique*, n°12, 2003, 29 pages.

116. Ambassador Michael B. G. Froman , *Special 301 Report*, Office Of the United States Trade Representative, 2014.

117. Coriat B. et Orsi F., *op. cité.*, 2003, p. 160.

118. Philippe Pignarre, *Le grand secret de l'industrie pharmaceutique*, La Découverte, 2003, p. 15.

119. Coriat B. et Orsi F., *op. cité.*, 2003, p. 159.

Les accords du GATT et la création de l'OMC

A peine sortis de la Seconde Guerre mondiale, les Alliés souhaitent promouvoir la libéralisation du commerce et abroger les mesures protectionnistes mises en œuvre suite à la crise de 1929. L'objectif est de créer une Organisation Internationale du Commerce (OIC). En 1947, cinquante pays se rassemblent lors de la Conférence de la Havane (Cuba) pour établir la charte de l'OIC. Comme expliqué sur le site internet de l'Organisation Mondiale du Commerce (OMC), « le projet de charte de l'OIC était ambitieux. Outre les disciplines en matière de commerce international, il comprenait des règles concernant l'emploi, les accords de produits, les pratiques commerciales restrictives, les investissements internationaux et les services »[120]. Malgré la volonté du gouvernement américain de créer cette nouvelle institution régissant le commerce international, le congrès refuse de ratifier la charte de l'OIC et met fin à sa création. Cependant, une première série de négociations est initiée en parallèle entre vingt-trois pays à Genève. L'objectif est d'abaisser les droits de douane. C'est la naissance du General Agreement on Tariffs and Trade (GATT) dont le but final est la libéralisation des échanges commerciaux de biens et de services[121]. Les négociations se déroulent en différentes phases nommées round. Le premier round de Genève aboutit à un accord qui porte sur un cinquième du commerce mondial. Ce sera le début de longues négociations qui aboutiront en 1995 à l'établissement de l'OMC, institué un an plus tôt à la fin du round de l'Uruguay par les accords de Marrakech.

Les accords du GATT instaurent pour la première fois des règles contraignantes qui régissent le commerce international. Rappelons que l'OMC (et les accords du GATT avant sa création) est la seule institution internationale qui bénéficie d'une

---

120. Organisation Mondiale du Commerce, Les années GATT: de La Havane à Marrakech, consulté le 9 juin 2014 sur http://bit.ly/1D7jhTG

121. Rapport de la commission sur les droits de propriété intellectuelle, l'innovation et la santé publique, Santé publique, innovation et droits de propriété intellectuelle, 2006, p. 1.

procédure de règlement des différends, quasi juridictionnelle, dont les jugements sont réellement contraignants[122]. « Sans un moyen de régler les différends, le système fondé sur les règles ne serait d'aucune utilité car les règles ne pourraient pas être appliquées »[123], rappelle la fiche « Règlement des différends » de l'OMC. Puis, quelques paragraphes plus loin et non sans humour : « allez en prison. Avancez tout droit en prison. Ne passez pas par la case « Départ ». Ne recevez pas .... Non, sérieusement, cela ne se passe pas tout à fait ainsi mais le principe est le même. Si un pays a commis une faute, il doit la réparer sans tarder. Et s'il persiste à violer un accord, il doit offrir une compensation ou subir une punition assez sévère »[124].

Cette exception au régime international est significative de la pensée néolibérale qui domine les relations internationales et valorise le libre échange du commerce au détriment des droits fondamentaux et du développement humain. En effet, si les traités des Nations Unies consacrant le droit à la santé[125] étaient aussi contraignants que les accords du GATT, on peut se demander si la condition de la santé mondiale ne serait pas amplement améliorée. Notons malgré tout la récente mise en place du mécanisme d'examen périodique universel[126] et, depuis 2008, d'un mécanisme de plainte pour les victimes de violations des droits

122. Règlement des différends, OMC sur http://bit.ly/1qUUoWn consulté le 5 avril 2014.

123. Ibid.

124. Ibid.

125. Charte sociale européenne (1961), Pacte international relatif aux droits économiques, sociaux et culturels (PIDESC, 1966), Convention sur l'élimination de toutes les formes de discrimination à l'égard des femmes (1979), charte africaine des droits de l'Homme et des peuples (1981), protocole additionnel à la convention américaine relative aux droits de l'Homme (1988), convention relative aux droits de l'enfant (1989).

126. Résolution 60/251 de l'Assemblée générale des Nations Unies, avril 2006.

assurés par le PIDESC[127], similaire à celui qui existait depuis longtemps pour le Pacte international relatif aux droits civils et politiques (PIDCP). Néanmoins, comme le note Mireille Delmas-Marty, ce mécanisme est seulement un droit de regard et il n'a reçu que peu de ratifications[128]. Enfin, nous pouvons relever avec attention la récente décision du Conseil des droits de l'Homme qui démontre sa volonté de créer un instrument international juridiquement contraignant sur les sociétés transnationales et les droits humains[129], suite à un projet de résolution déposé par 95 Etats menés par l'Afrique du Sud, l'Equateur, Cuba, la Bolivie et le Venezuela.

Dans les années 1970, le ralentissement des innovations pharmaceutiques bouscule les stratégies commerciales. Intégrées dans un référentiel néolibéral, les compagnies vont vouloir protéger leurs innovations et profiter de la fenêtre d'opportunité offerte par les négociations du GATT. En une vingtaine d'années, elles réussiront avec succès et leurs démarches aboutiront à l'Accord des ADPIC, annexé à l'accord de Marrakech en 1994. Pour Coriat et Orsi, « rien pourtant dans les dernières décennies, en ce qui concerne la réduction de l'écart technologique entre groupes de pays, ne justifiait un tel alignement. Aucune firme pharmaceutique n'a surgi d'un pays du Sud qui expliquerait - l'écart technologique étant comblé ou seulement réduit- la mise en place d'un tel processus de convergence »[130]. L'accord des ADPIC marque la fin d'un système géré par l'OMPI où la diversité des législations était permise[131]. Pour les Etats-Unis, dans leur conception

127. Protocole facultatif se rapportant au Pacte international relatif aux droits économiques, sociaux et culturels adopté par l'Assemblée générale des Nations Unies.

128. Mireille Delmas-Marty, *Résister, responsabiliser, anticiper*, le Seuil, 2013, p. 40.

129. Afrique du Sud, Bolivie, Cuba, Equateur & Venezuzla, projet de résolution, *Elaboration d'un instrument international juridiquement contraignant sur les sociétés transnationales et autres entreprises et les droits de l'Homme*, 26e session du Conseil des droits de l'Homme, A/HRC/26/L.22, 2014.

130. Coriat B. et Orsi F., *op. cité.*, 2003, p.161.

131. Zhang, 1994; Remich et Destrebecq, 1996, cf. Ibid.

de domination du monde, « il faut maîtriser un certain nombre de secteurs industriels et l'industrie pharmaceutique en fait partie, car elle touche à l'avenir des populations et à leurs aptitudes »[132].

132. Philippe Pignarre, *op. cité*, 2003, p. 14.

CHAPITRE II
LES NORMES MINIMALES ET LES FLEXIBILITÉS DE L'ACCORD ADPIC

« Ce produit [le médicament] cristallise désormais des tendances apparues au cours des dix ou quinze dernières années : écarts croissants de développement, interdépendance globale des échanges, accélération des progrès technologiques qui bénéficie à une minorité, fulgurance d'une maladie ravageuse (le SIDA), naissance d'une société civile mondiale et insuffisance de gouvernance nationale et internationale. A lui seul, ce cocktail serait dangereux. Dans un domaine aussi difficile que celui de la santé, il est explosif »[133].

Pascal Lamy

Après avoir brièvement décrit l'évolution du champ pharmaceutique au cours du XXe siècle, il convient maintenant de comprendre le texte qui définit en grande majorité l'accès aux traitements à partir de 1994. Nous le verrons, ce texte a pour l'instant uniquement été transcrit dans les législations nationales des pays à haut et moyen revenu, mais il définit un cadre de référence pour penser l'accès aux médicaments. Il officialise au niveau international la conception que l'innovation ne peut exister que grâce à la protection de la propriété intellectuelle. Pour cela, l'accord impose un ensemble de normes minimales que chaque Etat membre de l'OMC se doit de respecter tout en permettant un certain nombre de flexibilités pour garantir l'accès aux traitements. Néanmoins, un certain nombre d'ambiguïtés et les difficultés

133. Extrait de l'allocution de Pascal Lamy, intitulée « *Le médicament, symbole du développement durable*» prononcée en ouverture du séminaire « *Quelle politique de santé pour les pays en développement ?*» organisé par l'Institut d'Etudes des Politiques de Santé, la Fondation des Œuvres Hospitalières Française de l'Ordre de Malte, Paris, le 10 juin 2004. Cité par Bréger Thomas, *op. cité*, 2011, p 651.

d'application de ces flexibilités mèneront un groupe de pays à faible et moyen revenu à se mobiliser pour une clarification de l'accord qui aura lieu en 2001 lors de la Conférence ministérielle de Doha.

Les normes minimales définies par l'Accord des ADPIC

L'Accord des ADPIC est une annexe au Traité de Marrakech qui symbolise la fin des négociations du GATT en 1994. Il devient une base juridique minimale qui régit le commerce international lié à la propriété intellectuelle et notamment pour les médicaments. L'OMC étant régi selon le principe de l'engagement unique, chaque Etat membre a pour obligation d'adapter sa législation selon les différents accords et de la faire respecter. Cela ne signifie pas qu'il existe un régime unique de propriété intellectuelle mais un ensemble de normes minimales sur lesquelles les Etats doivent adopter leur législation (article 8). Par conséquent, il n'existe pas non plus de brevet international mais une protection de la propriété intellectuelle restreinte aux limites de la souveraineté étatique. Les ADPIC s'inscrivent donc dans une législation transnationale et non supranationale, au contraire de l'organe de règlement des différends de l'OMC qui peuvent être perçus comme une juridiction supranationale[134]. Ainsi, une demande de brevet sur un médicament peut être acceptée sans difficulté dans un pays alors qu'elle pourra être refusée en toute légalité dans un autre.

Il convient désormais d'énoncer les articles qui concernent le champ pharmaceutique. De manière générale, les ADPIC imposent le respect des conventions existantes sur la propriété intellectuelle (article 2) ; le principe de non-discrimination entre nationaux et étrangers (article 3) ; et le principe d'un traitement équitable basé sur le régime de la nation la plus favorisée (article 4). L'article 27 rappelle les conditions traditionnelles de brevetabilité (principes d'inventivité, de non évidence et d'utilité) dont la durée est de 20 ans minimum (article 33). L'article 28 énonce

134. Mireille Delmas Marty, *op. cite,* 2013, p. 38.

les droits du titulaire du brevet : droits exclusifs sur la fabrication, la vente et l'importation de l'invention. L'article 29 dicte l'obligation pour le titulaire du brevet de divulguer son invention afin qu'elle puisse être exécutée par un tiers. Néanmoins, ce dernier doit indiquer « la meilleure manière d'exécuter l'invention »[135].

En fonction des différents « degrés de développement », les Etats ont une période de transition plus ou moins longue pour appliquer l'Accord des ADPIC. Il n'est pas rétroactif et ne concerne donc que les inventions pour lesquelles les demandes de brevetabilité ont été déposées après la date d'application dans les législations nationales. Les pays à haut revenu disposaient d'un an pour mettre leur législation en concordance avec l'accord. Les pays à faible et moyen revenu avaient jusqu'en 2000 et jusqu'en 2005 pour les produits pharmaceutiques. Enfin, afin de pouvoir « se doter d'une base technologique viable »[136], les pays les moins avancés avaient jusqu'au 1er janvier 2006, date butoir qui a finalement été reportée au 1er juillet 2013, et 2016 pour les médicaments.

Les flexibilités autorisées par l'Accord des ADPIC

L'Accord des ADPIC prévoit des dispositions générales et particulières qui limitent l'usage des droits de propriété intellectuelle. Tout d'abord, l'article 8 évoque les principes des ADPIC. D'une part, il stipule que les Etats peuvent prendre « les mesures nécessaires pour protéger la santé publique et la nutrition et pour promouvoir l'intérêt public dans des secteurs d'une importance vitale pour leur développement socio-économique et technologique »[137]. D'autre part, il précise que pour éviter un usage abusif des droits de propriété intellectuelle qui restreindrait le commerce et le transfert de technologie, des mesures appropriées peuvent être décidées par les Etats. Le préambule de l'accord explicite en effet l'objectif des ADPIC en spécifiant que les pays doivent pou-

135. Article 29 de l'Accord des ADPIC.

136. Remiche B, Desterbecq H., *op. cité*, 1996, p. 58.

137. Article 8.1 de l'Accord des ADPIC.

voir « se doter d'une base technologique solide et viable »[138] par le biais de cet accord. Mais ces mesures exceptionnelles doivent respecter les dispositions générales de l'accord. Cette dernière précision a pour conséquence une ambigüité dans l'interprétation des principes généraux d'exception. Rémiche et Desterbecq l'expliquent comme le résultat d'un compromis entre les intérêts des entreprises et l'objectif final énoncé des ADPIC de promouvoir le bien-être social et économique de chaque Etat[139]. Enfin, des dispositions particulières, telles les exclusions exceptionnelles du domaine de la brevetabilité, les exceptions aux droits des brevets, les licences obligatoires (nommées alors licences non volontaires) et les importations parallèles sont décrites afin de déroger aux droits de la propriété intellectuelle.

Article 27 : les exclusions du domaine de la brevetabilité

Les exclusions exceptionnelles du domaine de la brevetabilité sont décrites par l'article 27 qui précise qu'une telle exclusion doit avoir pour objectif de :

> « Protéger l'ordre public ou la moralité, y compris pour protéger la santé et la vie des personnes et des animaux ou préserver les végétaux, ou pour éviter de graves atteintes à l'environnement, à condition que cette exclusion ne tienne pas uniquement au fait que l'exploitation est interdite par leur législation ».

Aucune précision n'est apportée à cet article. Entendu favorablement pour le droit à la santé, on pourrait penser que tous les médicaments qui participent à la protection de la santé et de la vie des personnes pourraient être exclus. A l'évidence, ce n'est pas l'esprit de ce texte qui aurait sinon directement stipulé que les médicaments faisaient exception aux droits de propriété intellectuelle comme auparavant. De plus, comme le souligne un document de positionnement de MSF, « une telle décision, de

---

138. Préambule de l'Accord des ADPIC.

139. Remiche B, Desterbecq H. op. cité, 1996, p. 36

la part d'un pays, pourrait être contestée par un autre devant un tribunal de l'OMC »[140], ce qui pourrait aboutir à des sanctions financières ou commerciales intenables pour le pays visé.

Article 30 : les exceptions aux droits des brevets

Les exceptions aux droits des brevets sont signalées par l'article 30 :

> « Les membres pourront prévoir des exceptions limitées aux droits exclusifs conférés par un brevet, à condition que celles-ci ne portent pas atteinte de manière injustifiée à l'exploitation normale du brevet ni ne causent un préjudice injustifié aux intérêts légitimes du titulaire du brevet, compte tenu des intérêts légitimes des tiers ».

Cet article révèle une nouvelle fois l'ambivalence de cet accord qui tente de concilier droits humains et droits des brevets sans expliciter clairement les contextes légaux pour lesquels des mesures extraordinaires peuvent être prises. De plus, un différend datant de l'année 1997 entre l'Union Européenne et le Canada, a établi une jurisprudence en faveur des droits à la propriété intellectuelle. Le Canada avait alors inscrit dans sa législation une simple mesure permettant aux fabricants de générique de commencer la fabrication et le stockage de générique 6 mois avant l'expiration du brevet. Cette loi se basait sur l'exception dite Bolar qui fut d'abord initiée aux Etats-Unis[141] puis répliquée en Australie, en Israël, en Argentine et en Thaïlande[142]. Dans l'ensemble de ces pays, il a été reconnu qu'il était possible d'effectuer des essais cliniques à partir d'un produit breveté pour obtenir l'autorisation de mise sur le marché et exploiter le générique à compter de la date d'expiration du brevet. Dans l'affaire

140. MSF, *Les brevets, le droit commercial international et l'accès aux médicaments essentiels*, 3e édition, MSF Access Campaign, mars 2003, p. 5.

141. Drug Price Competition and Patent Term Restoration Act (1984).

142. Carlos Correa, *Intégration des considérations de santé publique dans la législation en matière de brevets des pays en développement*, South Center, 2001, p. 78.

du Canada contre l'Union Européenne, l'organe de règlement des différends de l'OMC a confirmé la possibilité d'une exploitation clinique anticipée mais estimé que la fabrication et le stockage étaient contraires à l'Accord. Si le Canada portait l'intérêt public comme principal argument, l'Union Européenne l'a réfuté en arguant une discrimination envers l'industrie pharmaceutique. Comme le souligne MSF, « l'organe de l'OMC, dans son examen du différend, n'a pas tenu compte de l'argument d'intérêt public du Canada. Il a adopté une approche très étroite pour décider s'il s'agissait de limites acceptables au droit sur les brevets, en tenant compte seulement des espoirs de profits des titulaires de brevets, sans porter grande attention aux autres avantages sociaux que l'on pouvait obtenir en limitant ce monopole »[143]. En 1999, l'OMS et l'ONUSIDA se sont malgré tout prononcés en faveur d'une complète exploitation anticipée « afin de pouvoir produire rapidement des produits génériques pour favoriser la concurrence et réduire les dépenses pharmaceutiques »[144]. Un autre exemple est l'exclusion des nouvelles indications des produits. Selon Marcelo Varella[145], les pays ont le choix d'autoriser ou non le brevet pour une deuxième application thérapeutique.

Article 31 : les licences obligatoires

La possibilité d'émettre une licence obligatoire est permise si le gouvernement a dans un premier temps entamé une procédure de licence volontaire, lui permettant d'obtenir l'autorisation d'exploiter l'invention brevetée, « suivant des conditions et modalités commerciales raisonnables, et (...) si ses efforts n'ont pas abouti dans un délai raisonnable »[146]. Il est aussi précisé que dans des « situations d'urgence nationale ou d'autres circonstances d'extrême urgence »[147], un Etat peut déroger à l'obligation d'une demande de licence volontaire qui relève plus d'un accord

143. MSF, *op. cité*, mars 2003, p. 3.

144. Carlos Correa, *op. cité*, 2001, p. 79.

145. Varella Marcelo D., *op. cité*, 2004, p. 102.

146. Article 31 de l'Accord des ADPIC.

147. Ibid.

commercial qui permet aux industries de contrôler les marchés et d'imposer de nombreuses restrictions, « telles que le nombre de personnes pouvant bénéficier du traitement, ou le lieu où les composants nécessaires à la production du médicament peuvent être achetés »[148]. Pour Médecins du Monde, le principal objectif d'une licence volontaire « est de lier les producteurs de génériques, essentiellement basés en Inde, afin de les empêcher d'approvisionner tout pays à revenu intermédiaire exclu »[149]. Dans les deux situations, le détenteur du droit doit être informé le plus rapidement de l'utilisation de son invention et bénéficier d'une rémunération adéquate, et « les Etats veilleront à l'octroi d'une rémunération attractive en faveur du titulaire du brevet, de manière à optimiser le transfert effectif du savoir-faire lié à l'exploitation de ce brevet »[150]. De nouveau, aucune précision n'est apportée sur la compréhension des termes d'urgence nationale, de circonstances d'extrême urgence et de rémunération attractive. Pour MSF, « il est clair, dans l'Accord sur les ADPIC et dans la Déclaration de Doha, que chaque État est libre de décider lui-même des motifs qui y permettent le recours »[151]. Mais comme nous l'avons souligné précédemment, l'interprétation des termes pourrait être contestée devant l'OMC.

L'utilisation d'une licence obligatoire est autorisée pour l'approvisionnement du marché intérieur, et exceptionnellement pour limiter une pratique anticoncurrentielle, de manière non exclusive. Pour reprendre la classification de Remiche et Desterbecq, il y a trois types d'utilisation des licences obligatoires : dans l'intérêt public, pour limiter un comportement abusif ou anticoncurrentiel (défaut ou insuffisance d'exploitation industrielle, abus de droit, pratiques anticoncurrentielles et refus de licence contractuelle à des conditions raisonnables), et enfin pour des brevets dépendants. Finalement, cette flexibilité ne s'avère intéressante

148. Hep Coalition, *Les pilules ne coûtent presque rien, la cupidité coûte des vies,* Treatment Action Group, 2014, p. 8.

149. Medecins du Monde, *Nouveaux traitements de l'hépatite C : stratégie pour atteindre l'accès universel*, Mars 2014, p. 16.

150. Remiche B, Desterbecq H., *op. cité*, 1996, p. 42.

151. MSF, *op. cité*, mars 2003, p. 6.

que pour des Etats qui possèdent une capacité industrielle suffisante pour exploiter la connaissance visée, et « de nombreux facteurs influencent son efficacité comme par exemple, la durée de la procédure, la capacité et la volonté de transmission du savoir-faire lié à l'utilisation du brevet, et l'importance du risque commercial encouru par le licencié »[152].

Les importations parallèles

Enfin, même si elles ne font pas explicitement partie de l'Accord des ADPIC, les importations parallèles sont une flexibilité qui peut permettre aux Etats d'obtenir des médicaments à moindre coût. L'Accord des ADPIC précise qu'elles ne peuvent faire l'objet d'une contestation devant l'organe de règlement des différends[153]. Il faut néanmoins que le principe des importations parallèles soit inscrit dans la législation. Elles se basent sur le principe de l'épuisement des droits fondés par Köhler[154]. Lorsqu'un produit a été commercialisé, on considère que le titulaire des droits de propriétés intellectuelles a été récompensé pour sa créativité. Ainsi, l'exportation d'un produit qui a été commercialisé dans un pays est légale puisque les droits exclusifs conférés à ce produit sont considérés comme épuisés dès sa commercialisation. Pour l'accès aux médicaments, cela signifie que dès lors qu'un médicament générique a été commercialisé dans un Etat, il peut être importé parallèlement au même médicament princeps dans l'objectif de faire baisser son prix.

---

152. Ibid. p. 38.

153. Négociations, mise en œuvre et travaux du Conseil des ADPIC consulté le 14 juillet sur http://bit.ly/1q4Pcyw

154. Remiche B, Desterbecq H., *op. cité,* 1996, p. 50.

CHAPITRE III
LES DÉCLARATIONS DE DOHA, DE CANCUN ET DE HONK HONG

L'Accord des ADPIC « peut et devrait être interprété et mis en œuvre d'une manière qui appuie le droit des Membres de l'OMC de protéger la santé publique et, en particulier, de promouvoir l'accès de tous aux médicaments »[155]

La Déclaration de Doha.

Signé en 1994, l'Accord des ADPIC va susciter de nombreux débats. Pour certaines ONG dont MSF, l'application des ADPIC suscite des inquiétudes. Selon eux, le renforcement de la propriété intellectuelle va renforcer l'inaccessibilité des nouveaux médicaments essentiels en participant à la hausse des prix ; et participer à l'accroissement des inégalités mondiales en sabotant l'émergence d'industries pharmaceutiques locales[156]. Face à l'épidémie de sida, à la fracture sanitaire entre pays à haut revenu et pays à faible et moyen revenu, et aux ambivalences relatives à l'Accord des ADPIC, les pays à faible et moyen revenu, notamment l'Inde et le Brésil, vont militer pour qu'il soit précisé que l'Accord des ADPIC réponde à ses objectifs de protection de la santé publique. Ils y parviendront lors de l'avènement de la déclaration de Doha en 2001 mais avec tout de même certaines limites. Revenons sur les différents évènements qui ont participé à l'avènement de cette déclaration afin de saisir la mise à l'agenda international de l'accès aux médicaments.

155. Déclaration de Doha, paragraphe 3.

156. Ellen 't Hoen, *op.cité*, 2003, p. 42.

La menace de l'anthrax

Premièrement, à la fin de l'année 2001, les Etats-Unis et le Canada sont confrontés à des menaces de bioterrorismes par la propagation d'anthrax. Anticipant la menace, ils souhaitent provisionner l'antibiotique nécessaire, la ciprofloxacine. Mais le médicament est protégé par un brevet possédé par Bayer qui imposait alors des prix élevés. Les deux gouvernements refusent de payer le prix fort. Le gouvernement étasunien menace l'entreprise Bayer d'émettre une licence obligatoire et le gouvernement canadien commande d'importantes quantités de génériques auprès d'un fabricant canadien. Finalement, des réductions de prix auraient été accordées par Bayer. Mais comme le raconte MSF, les deux Etats continuent malgré tout « à faire la leçon aux pays en développement ayant des ressources limitées et des millions de personnes mourantes ou décédées, à propos de l'importance absolue de la protection stricte des brevets pharmaceutiques et du non-recours à des mesures comme les licences obligatoires. La pratique des deux poids, deux mesures était évidente »[157].

Mais si les Etats-Unis menacent l'entreprise Bayer de l'émission d'une licence obligatoire, ils souhaitent surtout contraindre les pays à faible et moyen revenu. La législation brésilienne sur la propriété intellectuelle fait alors l'objet de sévères attaques. La Chine et l'Inde résistent grâce à leur indépendance économique vis-à-vis des Etats-Unis, mais le Mexique par exemple adopte une loi sur les droits de propriété intellectuelle dès son entrée dans l'Accord de libre-échange nord-américain[158]. Alors que l'Uruguay round commence en 1986, l'association des entreprises américaines utilise les dispositions du Trade Act de 1974 pour contraindre le Brésil à adopter une nouvelle législation sur la propriété intellectuelle en 1996.

157. MSF, *op. cité*, mars 2003, p. 9.

158. Varella Marcelo D., *op. cité*, 2004, p. 86.

La résistance brésilienne

> « Face à la résistance brésilienne, le 20 octobre 1988, les États-Unis prennent des sanctions unilatérales, imposant une surtaxe de 100 % ad valorem sur la production du papier-cellulose, des produits chimiques et électroniques. L'acte de représailles commerciales a pour but, avec ces mesures, d'infliger à l'industrie brésilienne un préjudice de l'ordre de 39 millions US$. Mais le préjudice atteint environ 250 millions US$ dans des secteurs où les impacts sociaux sont grands »[159].
>
> Varella Marcelo.

Inscrit depuis 1984 sur la liste 301, dite « watch list », le Brésil, à la fois dépendant des Etats-Unis et leur résistant, fait figure de cible à atteindre pour traduire le cadre législatif mondial de la propriété intellectuelle[160], alors que le marché brésilien est déjà dominé à 83 % par les industries étasuniennes[161]. C'est donc l'acte de résistance et la défense du droit à la santé prôné par la loi Sarney, à défaut d'une loi protégeant les droits de propriété intellectuelle, qui constituent les motifs réels de l'attaque des Etats-Unis. En 1996, les pressions exercées[162] finissent par

159. Ibid.

160. Ibid.

161. Varella, Marcello D., op. cité, 2004, p. 87.

162. « *L'Association des entreprises américaines de production et de recherche pharmaceutique demande, cette même année, l'incorporation du Brésil dans les pays objets d'investigations. En effet, le Brésil ne possède pas, à cette époque, de législation assurant la protection de la propriété intellectuelle sur les produits et processus de production pharmaceutique et le pays occupe la septième position dans le classement international de la consommation de ces produits. Face à la résistance brésilienne, le 20 octobre 1988, les États-Unis prennent des sanctions unilatérales, imposant une surtaxe de 100 % ad valorem sur la production du papier-cellulose, des produits chimiques et électroniques16. L'acte de représailles commerciales a pour but, avec ces mesures, d'infliger à l'industrie brésilienne un préjudice de l'ordre de 39 millions US$. Mais le préjudice atteint environ 250 millions US$ dans des secteurs où les impacts sociaux sont grands* » , cf. Varella Maecelo D., *op. cité*, 2004, p. 86.

aboutir avec la promulgation d'une nouvelle loi, alors que l'accord des ADPIC autorisait le Brésil à ne transcrire ce dernier qu'à partir de 2005[163]. La même stratégie fut appliquée à la Thaïlande qui dut ajouter des dispositions supplémentaires pour renforcer la propriété intellectuelle dites ADPIC-plus[164]. Le gouvernement brésilien était à la fois une figure de résistance au sein de l'OMC, même après avoir changé sa loi, tout en pratiquant un modèle d'action de santé publique reconnue en garantissant l'accès universel aux traitements antisida[165]. La confrontation du Brésil par les Etats-Unis a finalement servi d'exemple pour illustrer les différents moyens qui pouvaient être utilisés pour appliquer des nouvelles normes de propriétés intellectuelles.

En effet, dans les années 90, le Brésil a été pionnier dans la lutte contre le sida. Maria Andréa Loyola et Pedro Villela[166] nous remémorent la mise en place des politiques publiques. En 1992, les ONG luttant contre le sida intègrent la commission nationale du sida et réorientent la politique de la banque mondiale qui se concentrait sur la prévention, considérant la distribution trop onéreuse et peu efficace. Leur action aboutit à la création de la loi Sarney en 1996 en même temps que la nouvelle loi sur la propriété intellectuelle. La loi Sarney garantit l'accès universel et gratuit aux traitements antirétroviraux, tout juste existant, pour toutes les personnes infectées par le VIH. De 1996 à 1999, les dépenses du gouvernement pour acquérir les médicaments s'élèvent de 35 à 335 millions de dollars américains. Afin de réduire ces dépenses, le gouvernement déploie une stratégie de production nationale et menace les industries pharmaceutiques d'émettre des licences obligatoires. Cette menace aboutira à une négociation avec les

163. Benjamin Coriat et Fabienne Orsi, « Brevets pharmaceutiques, génériques et santé publique. Le cas de l'accès aux traitements antirétroviraux », Économie publique, n° 12, 2003, p 162.

164. Ibid.

165. Varella Marcelo D., *op. cité*, 2004, p. 87.

166. Maria Andréa & Pedro Villela, Le modèle brésilien de lutte contre l'épidémie de sida : la participation de la société civile, in : Christine Possas & Bernard Larouzé (dir.), *Accès aux antirétroviraux dans les pays du Sud*, éditions ANRS, Paris, 2013, pp. 251 - 268.

industries permettant la baisse du prix d'une trithérapie pour une année pour une personne de 6240 $US en 1997 à 2210 $US en 2001. A quelques mois de la Conférence ministérielle de Doha, cette petite victoire mène un groupe de pays africains, l'Inde et le Brésil à s'unir et à demander que la problématique de l'accès à des médicaments abordables soit placée au centre de la réflexion de la conférence. D'après MSF, ils refusèrent les propositions des pays à haut revenu « qui tentaient de les diviser; et ils ont négocié fermement l'intégration de dispositions qui reflètent leurs préoccupations dans la Déclaration ministérielle »[167].

Le procès Pretoria

Enfin, la forte médiatisation du procès de Pretoria, où trente-neuf compagnies pharmaceutiques poursuivirent le gouvernement sud-africain de Nelson Mandela pour atteinte aux droits d'exclusivité de leurs médicaments, a joué un rôle crucial. En effet, ce procès a révélé au grand jour le cynisme des compagnies pharmaceutiques et des pays à haut revenu, et ce même après l'abandon des charges pendant le procès. D'après MSF, 400 000 personnes sont mortes du sida à cause du blocage de la loi sud-africaine par les compagnies pharmaceutiques depuis 1997[168]. Le gouvernement américain et la Commission européenne avaient alors pris position pour le respect du droit de propriété intellectuelle. En février 2001, l'Union européenne finissait cependant par changer de position en adoptant un programme de lutte contre le VIH, la malaria et la tuberculose dans le cadre de la réduction de la pauvreté[169]. Cette résolution reconnait les difficultés imposées par l'Accord des ADPIC et symbolise le tournant de l'Union qui supporte désormais une approche publique de la santé. Ce tournant est aussi le résultat d'une mobilisation des Nations Unies. Suite à plusieurs rapports de l'International Crisis Group et du National Intelligence Council, le Conseil de

167. MSF, op. cité, mars 2003, p. 9.

168. MSF, Pretoria : chronique d'un mauvais procès, consulté le 14 juillet 2014 sur http://www.msf.fr/actualite/articles/pretoria-chronique-mauvais-proces

169. Ellen 't Hoen, *op.cité*, 2003, p. 43.

sécurité adopte plusieurs résolutions qui reconnaissent l'impact du sida sur la paix et la sécurité et appelle à la création d'un fonds mondial. D'autres évènements pourraient être cités pour comprendre la mobilisation internationale mais il convient surtout ici de comprendre le contexte d'évolution qui mena la déclaration de Doha. Face à la perception négative de l'opinion et de la presse, et à la mort imminente de plusieurs centaines de milliers de personnes, les multinationales ont finalement retiré leur plainte et ont été condamnées à payer l'ensemble des frais juridiques. D'après Ellen 't Hoen, le procès Pretoria a permis l'avènement de deux clarifications. D'une part, le droit à la santé prime sur le droit à la propriété et il était désormais certain que les pays à faible et moyen revenu pouvaient utiliser les flexibilités ADPIC. D'autre part, « it became clear that industrialized countries that exercised trade pressures to defend the interest of their multinational industries could no longer exert pressure without repercussions at home »[170].

La mobilisation de la société civile

La société civile a abondamment participé à l'avènement des licences obligatoires. Après s'être réuni à Genève en mars 1999, un groupe d'ONG (Consumer Project Technology, Health Action International et MSF) organise la Conférence d'Amsterdam un an plus tard. A l'issue de ce rassemblement, la déclaration d'Amsterdam est prononcée et demande la création d'un groupe de travail à l'OMC sur les ADPIC et l'accès aux médicaments. Cinq ans seulement après la signature de l'accord de Marrakech, les ONG sont déjà conscientes des nouvelles entraves que les ADPIC ont imposées sur le droit à la santé, et notamment pour la recherche sur les maladies négligées[171]. Ellen 't Hoen nous

170. « Il est clairement apparu que les pays industrialisés, qui exerçaient des pressions commerciales importantes pour défendre les intérêts de leurs multinationales, ne pouvaient plus continuer sans subir des répercussions chez eux », Ibid. p. 44.

171. Ibid. p. 46.

raconte le déroulement de la mobilisation[172]. A l'origine, la déclaration avait pour cible la Conférence ministérielle de Seattle en 1999 mais la conjonction de plusieurs éléments a reporté la mobilisation de plusieurs ONG (OXFAM, « Cut the Cost », South African Treatment Action Campaign, Act Up Paris, et Health Gap Though public health and access to medicines) à la Conférence de Doha en 2001. Tout d'abord, la position du groupe de travail soutenait que l'émission de licences obligatoires devait être contenue pour les médicaments de la liste des médicaments essentiels de l'OMS. A ce moment, seuls onze médicaments utilisés dans la lutte contre le sida sont sur la liste de l'OMS qui en compte environ 300[173]. Les ONG craignirent que cette utilisation des licences obligatoires ne soit trop restreinte pour dépasser toutes les barrières de l'accès aux soins. Puis, la déclaration du Président Bill Clinton à la Conférence de Seattle suite au procès Pretoria a encouragé les ONG à maintenir la mobilisation. Enfin, la fenêtre n'était sans doute pas la plus opportune puisque la mise en échec de ce sommet par d'importants mouvements sociaux, a occupé l'ensemble de la couverture médiatique. Néanmoins, la Conférence d'Amsterdam a suscité d'intenses débats et renforcé la mobilisation.

D'autres organisations ont contribué à la mise à l'agenda international de l'accès aux médicaments. En 1999, le rapport sur le développement humain du PNUD plaide pour une réécriture des règles de la globalisation : « make them work for people – not just profits »[174] comme le résume Ellen 't Hoen. En 2001, le groupe Afrique des Nations Unies a aussi émis une déclaration pour que soient initiées les discussions sur l'accès aux médicaments au sein de l'OMC. Deux mois plus tard, le Conseil des ADPIC se réunit afin de se saisir de la question. En septembre, le groupe Afrique et dix-neuf autres pays proposent un brouil-

172. Ibid.

173. Il faut néanmoins noter que cette liste peut être contestée puisqu'elle n'inclue pas les médicaments trop onéreux même s'ils sont essentiels pour la santé, cf. Pignard, *op. cité*, 2003, p. 27.

174. « Faites les au bénéfice des populations - et non pas juste pour les profits financiers », Ellen 't Hoen, *op.cité*, 2003, p. 49.

lon de la future déclaration de Doha qui affirme « that nothing in the TRIPS Agreement should prevent Members from taking measures to protect public health »[175]. Le texte aborde aussi les questions des importations parallèles, des usages des licences obligatoires, de la protection des données et de la production pour exportation[176]. Ellen 't Hoen décrit aussi la position des Etats-Unis, du Japon, de la Suisse, de l'Australie et du Canada qui proposent un texte. Ils souhaitent réaffirmer l'importance de la propriété intellectuelle pour la recherche et le développement, et limiter l'utilisation des flexibilités aux contextes de crise et d'urgence. L'Union Européenne a sa propre déclaration qui propose de légaliser l'exportation des médicaments vers les pays qui ont une capacité insuffisante ou inexistante. Ainsi, confrontée à l'hypocrisie des pays à haut revenu, au cynisme des compagnies pharmaceutiques et de l'Europe, et soutenue par des campagnes mondiales de la société civile qui attirèrent l'attention des médias et des décideurs gouvernementaux, la lutte menée par le groupe de pays à faible et moyen revenu aboutira en novembre 2001 après trois jours de négociation à la Déclaration de Doha. Mike Moore, alors Directeur Exécutif de l'OMC, a clairement explicité que ces discussions pouvaient mener à une rupture des accords commerciaux[177]. Comme le souligne MSF, « en fin de compte, pour préserver la légitimité institutionnelle de l'OMC, les pays industrialisés ont décidé qu'ils devaient au moins donner l'impression de répondre aux demandes des pays en développement et aux critiques des activistes »[178].

---

175. « Rien dans l'Accord des ADPIC ne devrait empêcher un membre de prendre des mesures pour protéger la santé publique », WTO Council for Trade-Related Aspects of Intellectual Property Rights. Special Discussion on Intellectual Property and Access to Medicines 4, WTO Doc No IP/C/M/31 (Restricted), July 10, 2001.

176. Ellen 't Hoen, *op.cité*, 2003, p. 50.

177. Ibib.

178. MSF, *op. cité*, mars 2003, p. 10.

La Déclaration de Doha

La Déclaration de Doha rappelle donc que l'Accord des ADPIC « peut et devrait être interprété et mis en œuvre d'une manière qui appuie le droit des Membres de l'OMC de protéger la santé publique et, en particulier, de promouvoir l'accès de tous aux médicaments »[179]. Elle souligne bien que les ADPIC ne doivent donc en aucun cas être une barrière à l'accès de tous les médicaments. Elle reporte l'application de l'Accord des ADPIC dans les législations des Pays les Moins Avancés (PMA) au 1er janvier 2016. Elle précise que « chaque Membre a le droit de déterminer ce qui constitue une situation d'urgence nationale ou d'autres circonstances d'extrême urgence, étant entendu que les crises dans le domaine de la santé publique, y compris celles qui sont liées au VIH/SIDA, à la tuberculose, au paludisme et à d'autres épidémies, peuvent représenter une situation d'urgence nationale ou d'autres circonstances d'extrême urgence »[180] et dissout en conséquence la polémique instaurée par certains Etats et certaines entreprises sur la restriction de l'usage des licences obligatoires aux situations d'urgence ou de circonstances extraordinaires. Elle donne à titre d'exemple « les crises dans le domaine de la santé publique, y compris celles qui sont liées au VIH/sida, à la tuberculose, au paludisme et à d'autres épidémies ». MSF souligne que ce ne sont que des exemples et qu'il « s'agit d'un fait essentiel à comprendre, vu les tentatives de certains pays d'imposer de telles restrictions depuis la Conférence de Doha »[181]. Enfin, elle réaffirme un des objectifs initiaux des ADPIC, le transfert de technologie, en précisant cette fois vers les pays les moins avancés[182].

La Conférence ministérielle de Doha devait aussi régler un autre différend entre les pays à haut revenu et les pays aux ressources limitées. En effet, ces derniers s'interrogeaient sur la possibilité d'importer parallèlement des médicaments produits sous

179. Déclaration de Doha, paragraphe 3.

180. Déclaration de Doha, paragraphe 5c.

181. MSF, *op. cité*, mars 2003, p. 9.

182. Déclaration de Doha, paragraphe 7.

une licence obligatoire, qui n'a pas été utilisée jusqu'en 2002[183]. Etant donné que cette flexibilité doit principalement servir à l'approvisionnement du marché intérieur, les pays producteurs de médicaments génériques ne devraient pas pouvoir exporter leurs productions. Mais l'ensemble des flexibilités permises par les ADPIC ne seraient dès lors favorables qu'aux pays en possession d'une industrie pharmaceutique, laissant tous les autres sans aucun moyen pour accéder à des médicaments peu onéreux. La Déclaration de Doha a demandé au Conseil des ADPIC de trouver une solution avant la fin de l'année 2002. Un consensus ne sera établi que peu de temps avant la Conférence ministérielle de Cancún en 2003. Une décision du Conseil général accorda alors une dérogation à l'utilisation d'une licence obligatoire pour l'approvisionnement du marché intérieur et permit ainsi l'exportation de médicaments produits sous licence obligatoire vers des pays qui ne sont pas en mesure de les fabriquer[184].

La déclaration du Conseil des ADPIC du 17 septembre 2002 énonce alors les éléments souhaitables pour résoudre le différend entre les pays à haut revenu et les autres : « a stable international legal framework; transparency and predictability of the applicable rules in the exporting and importing countries; simple and speedy legal procedures in the exporting and importing countries; equality of opportunities for countries in need of medicines, even for products not patented in the importing country; facilitation of a multiplicity of potential suppliers of the required medicines, both from developed and developing countries; and broad coverage in terms of health problems and the range of medicines »[185].

183. Première émission d'une licence obligatoire par le Zimbabwe en 2002 dans un contexte d'urgence de l'épidémie de VIH/sida et avec pour objectif de baisser les prix du Combivir.

184. Négociations, mise en œuvre et travaux du Conseil des ADPIC consulté le 14 juillet 2014 sur http://www.wto.org/french/thewto_f/minist_f/min05_f/brief_f/brief06_f.htm

185. « Une législation internationale stable ; des règles transparentes et prévisibles pour les pays exportateurs et importateurs ; des procédures simples et rapides pour les pays exportateurs et importateurs ; des opportunités équitables pour satisfaire les besoins en médicaments des pays, même si les

L'Accord des ADPIC doit être amendé afin d'inscrire officiellement cette dérogation. Comme le rapporte Ealou Samb, le discours de la Déclaration de Doha protégeant la santé publique « a été jugé extrémiste par les pays à haut revenu et a constitué le nœud gordien » [186] des débats au niveau international. Le projet de décision fait référence aux maladies citées dans la Déclaration de Doha (VIH/sida, tuberculose, paludisme et autres épidémies). Pour les Etats-Unis, « le projet [est] trop général en ce qui concernait la liste des maladies visées par la décision ». Pour les pays à haut revenu, l'accord n'est pas assez contraignant pour éviter le détournement de ces médicaments vers leurs marchés intérieurs, et pour les pays à faible et moyen revenu, l'Accord est à l'inverse trop contraignant[187].

Les Déclarations de Cancun et de Hong Kong

En janvier 2003, le Conseil des ADPIC fait une tentative pour trouver un accord et propose que les licences obligatoires ne soient utilisées que pour résoudre des situations d'urgence. Les ONG furieuses demandent à ce que ce texte soit rejeté puisqu'il n'a jamais été conçu pour une telle utilisation restreinte des licences obligatoires. Finalement, l'accord des ADPIC est amendé en 2005 juste avant la Conférence ministérielle de Hong Kong par l'adoption de l'article 31bis. Il légalise l'utilisation de licences obligatoires d'exportation pour les pays sans capacité de production et comme le souligne Gaelle Krikorian, « malgré l'insistance des Etats-Unis, il n'est pas limité à certaines pathologies

---

produits ne sont pas brevetés dans les pays importateurs ; la multiplication des potentiels fournisseurs pour les médicaments nécessaires, pour les pays développés et en développement ; et une large couverture des problèmes de santé et des médicaments », Ellen 't Hoen, *op.cité*, 2003, p. 58.

186. Falou Samb, *La Déclaration de Doha sur les ADPIC et les médicaments : Quelles leçons pour le réexamen de l'Accord sur les ADPIC et le processus de négociations à Genève ?*, Commerce, PI & Développement durable vus de l'Afrique, OCTSD, Enda, Solagral, 2002, pp, 83-101.

187. Ibid.

et peut s'appliquer à toutes maladies »[188]. Cependant, beaucoup craignent à ce moment-là que les procédures administratives[189] exigées par cet amendement ralentissent fortement la procédure d'émission d'une licence obligatoire pour exportation, voire même la rendent impossible à exécuter. Ces exigences sont celles des pays à haut revenu qui ont souhaité un système extrêmement contrôlé.

De plus, au 6 aout 2014, seuls soixante-dix-neuf sur cent soixante Etats membres de l'OMC avaient ratifié l'amendement final[190]. Les deux tiers de l'assemblée sont nécessaires pour valider définitivement la modification de l'accord des ADPIC, et ce jusqu'au 31 décembre 2015. Il faut donc vingt-six ratifications supplémentaires afin que l'amendement de 2005 soit définitivement adopté. Enfin, certains problèmes restent néanmoins toujours en suspens comme le manque de recherche sur les maladies négligées et le manque d'investissement sur les besoins de santé primaire. Ellen 't Hoen souligne que plusieurs organisations dont MSF proposent alors des solutions plus radicales en particulier pour les médicaments des maladies négligées. Par exemple, la recherche et le développement pourraient être financés par une répartition commune des charges et un partage des bénéfices. Une dizaine d'années plus tard, la question est toujours en suspens.

---

188. Gaelle Krikorian, « Décision de l'OMC du 30 août 2003 et l'étude de cas du Rwanda » , in : *Comment préserver l'accès aux médicaments, innovation pharmaceutique et santé publique*, Carlos M. Correa et German Velasquez (dir.), l'Harmattan, 2010, p. 90.

189. Ibid, pp. 89-101.

190. OMC, *Membres acceptant l'amendement à l'Accord sur les ADPIC*, consulté le 6 aout 2014 sur http://bit.ly/1nV9B4N

L'ACCORD DES ADPIC, UN OUTIL DE PUISSANCE STRUCTURELLE

Les années 1980 constituent une période charnière pour comprendre l'évolution de l'économie internationale. D'un référentiel de l'Etat providence dominant après la crise de 1929, c'est un référentiel de marché qui domine les politiques publiques internationales à partir des années 1980[191]. Rappelons que le concept de référentiel fait état d'une « certaine conception de la place et du rôle du domaine concerné dans la société »[192]. Cette approche considère que les politiques publiques ne sont pas uniquement un espace de confrontation des acteurs et de leurs intérêts mais aussi « le lieu où une société donnée construit son rapport au monde et donc les représentations qu'elle se donne pour comprendre et agir sur le réel tel qu'il est perçu »[193].

Par exemple, les politiques de santé dépendront des représentations de la maladie, des malades dans une société et du système de soins adaptés pour assurer le droit à la santé. Les controverses en matière de médicament renvoient alors à la question de la recherche médicale et au meilleur moyen pour assurer le progrès scientifique. Elles sont généralement réduites à un affrontement entre les approches publique et privée. Dominée par le référentiel de marché, la réponse apportée à ces débats repose sur la théorie de l'offre et de la demande et du libre-échange. Convaincus que la recherche publique n'est pas aussi efficiente que la recherche privée, les Etats se déresponsabilisent en partie de la question, et les industries pharmaceutiques sont désormais responsables de l'innovation médicale. Le marché de la maladie, qui répond aux intérêts financiers avant tout, se développe en conséquence. L'application du référentiel de marché au champ de la santé entraîne l'abandon de la recherche sur les maladies négligées. Elle

191. Muller Pierre, « Référentiel » , in : Laurie Boussaguet et al., *Dictionnaire des politiques publiques,* Presses de Sciences Po « Références », 2014 4e éd., p. 557-558.

192. Ibid. p. 555.

193. Ibid.

est désormais concentrée sur des maladies affectant des populations plus larges et dont les capacités financières sont supérieures dans « une économie mondiale centrée sur l'appropriation et l'exploitation commerciale du savoir facilitées par l'intégration de la propriété intellectuelle dans le système de l'Organisation Mondiale du Commerce (OMC) »[194].

Dans le nouveau contexte du capitalisme cognitif, les puissances étatiques réalisent que l'avenir de leur croissance économique dépendra de plus en plus de leur capacité d'innovation, « c'est à dire de l'appropriation et de l'utilisation productive et commerciale d'idées nouvelles au moyen des droits de propriété intellectuelle accordés aux innovateurs »[195]. Il est alors intéressant de croiser l'analyse de Marc Dixneuf sur la question des médicaments génériques comme enjeu de puissance, et notamment de puissance structurelle. « La puissance structurelle d'un État se présente comme la capacité à façonner les structures de l'économie politique globale dans lesquelles les autres États sont amenés à opérer »[196]. « La puissance structurelle repose sur quatre sources distinctes, bien que liées, dont le contrôle est nécessaire : la sécurité, la production, la finance et le savoir »[197].

Les Etats-Unis, qui sont alors le maitre d'œuvre des accords du GATT, contrôlaient la sécurité, la production pharmaceutique et la finance nécessaires. Il ne manquait qu'un seul élément pour qu'ils puissent aboutir à la mise en place du référentiel de marché et insérer le reste du monde dans ce cadre[198] : le contrôle du savoir. Cette dernière pièce manquante va être apportée par les accords internationaux sur la protection des droits de propriété intellectuelle. « Il s'agit en effet de définir qui invente, finance et pro-

---

194. Ibid. p. 164

195. Bréger, *op. cité*, 2011, p. 60-61.

196. Dixneuf Marc, « Au-delà de la santé publique : les médicaments génériques entre perturbation et contrôle de la politique mondiale », *Revue française de science politique*, 2003/2 Vol. 53, p. 292.

197. Ibid. p. 293.

198. Ibid. p. 293.

duit les médicaments »[199]. Cette analyse, qui peut être appliquée à l'ensemble de la nouvelle économie internationale du savoir, vient apporter des éléments cruciaux pour comprendre la mise en place des ADPIC. L'intégration de la propriété intellectuelle dans les Accords du GATT peut dès lors être interprétée comme l'application concrète des représentations issues du référentiel de marché au niveau international. La politique des ADPIC est la poursuite du Trade Act de 1974 qui permet aux Etats-Unis d'utiliser des sanctions économiques unilatérales contre n'importe quel pays qui trahirait l'esprit du libre-échange. Cette manière de régler des différends, ou autrement dit d'imposer un changement de législation en cas de mécontentement d'un important lobby, traduit la translation du cognitif à l'empirique de la pensée néolibérale dans le champ de la propriété intellectuelle.

Certains pays européens se sont soumis aux droits de propriété intellectuelle dans le champ pharmaceutique après avoir développé leur propre industrie pharmaceutique. « Par la pratique systématique et réciproque de l'ingénierie inversée, de la copie ou de l'innovation incrémentale autour des molécules à effets thérapeutiques connus et identifiés, les firmes occidentales ont été en mesure d'accumuler en leur sein d'importantes capacités scientifiques et technologiques tout en servant de manière relativement efficace l'intérêt public en alimentant le marché en médicaments livrés à des coûts compatibles avec les niveaux de revenus des consommateurs »[200]. Les pays à faible et moyen revenu dominés par la puissance étatsunienne, et dans une moindre mesure européenne, ont ensuite dû se soumettre aux règles internationales imposées par l'OMC. On peut alors interpréter ce déroulement historique comme la volonté des Etats-Unis de limiter au maximum une concurrence entre des industries nationales, en interdisant aux pays à faible et moyen revenu ce qu'avaient réalisé des européens quelques temps plus tôt. Et finalement, la signature des Accords du GATT et des ADPIC a défini le médicament, malgré les quelques souplesses permises, comme une marchandise quel-

199. Ibid. p. 293.

200. Coriat et Orsi, *op. cité,* 2003, p. 160.

conque et a internationalisé la conception que seuls les droits de propriété intellectuelle permettraient de conserver l'innovation nécessaire aux problèmes de santé publique.

Comme nous l'ont rapporté certains membres d'ONG avec lesquels nous nous sommes entretenus, la société civile a fait le choix de ne pas s'opposer directement à la pensée néolibérale mais d'accompagner les pays à faible et moyen revenu afin de maintenir certaines flexibilités, leur permettant de conserver un accès partiel aux médicaments. Nous étudierons dans la deuxième partie consacrée au sida la naissance de l'activisme thérapeutique qui mena à la réduction des risques, politique aujourd'hui reconnue par les Nations Unies pour lutter contre le sida et les hépatites. Par « un mode d'action qui associe expertise et dénonciation du scandale »[201] et par l'investissement des militants dans les espaces de réflexion et de décision mondiaux, la société civile est en grande partie responsable de la prise en charge thérapeutique contemporaine du VIH/sida. La stratégie des ONG concernant l'accès aux traitements du VIH/sida reposait sur deux axes : premièrement, accompagner les pays à faible et moyen revenu dans la translation des exigences de l'Accord des ADPIC dans leurs législations afin d'inscrire les différentes flexibilités ; et deuxièmement, faire état de l'urgence sanitaire dans certains territoires afin de soutenir les Etats pour émettre des licences obligatoires dans l'objectif de favoriser la compétition économique, et de faire ainsi baisser les prix grâce aux médicaments génériques. Une divergence existe néanmoins sur l'utilisation des licences volontaires. Pour MSF, elles permettent d'accéder à des médicaments moins onéreux afin d'approvisionner directement leurs opérations médicales. D'autres organisations comme Act-Up ou Médecins du Monde refusent l'utilisation de cette flexibilité parce qu'elle fait partie de la stratégie des compagnies pharmaceutiques qui proposent des prix différenciés en fonction des différents revenus des pays, et ne permet pas d'accéder à un accès universel aux traitements.

---

201. Marc Dixneuf, *La santé enjeux de gouvernance mondiale*, Les Etudes du CERI, n°99, 2003, p. 10

Depuis la Déclaration de Doha en 2001, L'OMS a quant à elle travaillé sur la production d'un rapport sur la santé publique, l'innovation et la propriété intellectuelle en 2004 et rappelle régulièrement aux Etats qu'ils doivent prendre des mesures pour favoriser l'accès aux traitements. Mais le recul du multilatéralisme ne favorise pas le fonctionnement onusien. Quant à l'OMC aucune avancée importante n'est à noter. En effet, elle connait une situation de blocage des négociations depuis la déclaration de Doha. Les politiques de subvention de l'agriculture d'exportation de l'Union Européenne, l'impossibilité pour l'Inde de stocker des biens alimentaires ou les taxations des exportations des PMA provoquaient entre autres des points de tension[202]. Ces années de blocage ont alors entrainé un amenuisement du multilatéralisme au profit d'accords bilatéraux. Les puissances occidentales, Etats-Unis et Union Européenne en tête, préfèrent renouer avec les pratiques bilatérales en négociant de nouveaux accords de libre-échange. La société civile émet de fortes alertes sur le risque de renforcement des droits de propriété intellectuelle au détriment du droit à la santé. Les compagnies pharmaceutiques n'abandonnent pas l'aspect lucratif de leurs activités en poussant les Etats à signer ces nouveaux accords et en attaquant une nouvelle fois en justice les pays à faible et moyen revenu.

---

202. Claire Guéland, *Commerce mondial : premiers accords en vue après douze années de blocage*, lemonde.fr, 23 novembre 2013, consulté le 11 août 2014, sur http://bit.ly/XcILi7

RELATIONS ENTRE ACTEURS DE L'ACCÈS AUX TRAITEMENTS

Vingt ans après la signature des ADPIC, seulement un tiers des personnes vivant avec le VIH/sida ont accès aux traitements. Et comme nous le soulignons dans l'introduction, l'accès aux traitements est aussi difficile pour l'hépatite C, la tuberculose, la malaria et d'autres maladies encore comme les cancers. Il est alors nécessaire de confronter le système mis en place au nouveau contexte international pour savoir si l'on peut toujours utiliser les flexibilités ADPIC pour promouvoir l'accès universel aux traitements.

Grâce à l'Accord des ADPIC, les industries pharmaceutiques vont être en mesure de mettre en place une stratégie de prix différenciés en fonction des revenus des pays. Insérée dans le référentiel néolibéral, cette stratégie pousse les entreprises à rechercher des profits financiers démesurés et non le respect du droit à la santé (IV). D'autre part, l'évolution du modèle économique des entreprises pharmaceutiques vient remettre en cause les brevets comme facteur d'innovation. Les pays à haut revenu s'obstinent de leur côté à défendre leurs industries dans une logique de compétition économique internationale. Est-ce que les pays à faible et moyen revenu les suivront dans ce jeu et notamment l'Inde considérée comme la pharmacie du monde ? C'est ce que nous tenterons de comprendre afin de saisir les perspectives des différents acteurs internationaux (V). Les institutions internationales sont quant à elles divisées sur la question des brevets. L'OMS semble dominée par l'OMC mais le PNUD et le rapporteur spécial du droit à la santé saisissent une perspective critique, un espoir pour l'accès aux médicaments (VI).

CHAPITRE IV
STRATÉGIE DES MULTINATIONALES DU MÉDICAMENT

« Si, auparavant, elle obtenait des brevets mérités pour de véritables inventions, « Big Pharma », sous la pression de ses actionnaires, a dès lors consacré son énergie à créer de nouvelles pathologies et à inventer des brevets. Au prix, parfois, de la santé des patients qu'elle est censée protéger. Les essais cliniques réalisés par l'industrie (soumis pour évaluation aux autorités sanitaires) sont biaisés, manipulés de manière frauduleuse, mensongers, occultent les dangers et amplifient les effets positifs, signalent, après d'autres, les auteurs de ce livre.

La logique du marché conduit l'industrie pharmaceutique à développer des médicaments qui traitent plus qu'ils ne guérissent, tels ceux destinés à combattre l'hypertension, le cholestérol, le sida et la majorité des maladies chroniques, dont les traitements doivent être pris à vie. De fait, un patient non guéri reste un consommateur permanent, assurant des bénéfices à l'industrie, tandis que les produits qui guérissent les patients… tuent le marché »[203].

German Velasquez, ancien directeur du programme d'action sur l'accès aux médicaments des pays en développement de l'OMS.

L'Accord des ADPIC engendre la mise en place d'une stratégie de prix différenciés afin de résoudre la question de l'accès aux médicaments. Comme les ADPIC, elle est comprise dans un référentiel de marché et positionne les industries pharmaceutiques comme principal acteur du processus de décision politique de l'accès aux médicaments, alors que les Etats sont responsables du respect du droit à la santé. Cette stratégie repose sur l'argument que les brevets favorisent l'innovation. Il convient alors de

203. German Vélasquez, « Vers une recherche sans brevets », *le Monde Diplomatique*, Avril 2013, consulté sur http://bit.ly/1qzA5fw le 20/08/2014

revenir sur l'histoire du modèle économique de l'industrie pharmaceutique pour comprendre qu'il est aujourd'hui dans l'incapacité de produire de réelles innovations.

La stratégie des prix différenciés

En 2001, les secrétariats de l'OMS et de l'OMC convoquent un atelier sur la fixation des prix et le financement des médicaments essentiels. Il a pour objectif de réunir différents experts « en vue d'explorer les questions, souvent complexes, liées d'une part à l'accès aux médicaments essentiels actuels à des prix abordables dans les pays pauvres et au financement de cet accès, et d'autre part aux encouragements à la recherche et à la mise au point de nouveaux médicaments »[204]. On retrouve une certaine diversité d'acteurs dans cet atelier puisqu'il regroupe des personnalités issues de la société civile (Jamie Love - Consumer Project on Technology, Ellen 'T Hohen - MSF, Mark Harrington - Treatment Action Campaign), des universités (Carlos Correa - Université de Buenos Aires), de l'OMS (German Vélasquez) avec d'autres représentants d'autres organisations internationales (ONUSIDA, UNICEF ...), des gouvernements (Brésil, Ouganda, Afrique du Sud ...) et des industries pharmaceutiques (GSK, Cipla, BMS, Novartis, Merck et Pfizer).

L'atelier aborde la question des prix différenciés. Cette stratégie vise à définir des prix différents en fonction des revenus des pays et non en fonction de ce que peuvent payer les Etats[205]. Même si chaque multinationale possède un système différent de fixation des prix différenciés. Le rapport note qu'elle est « déjà pratiquée, mais d'une façon limitée »[206]. Elle deviendra néan-

---

204. OMS & OMC, *Rapport de l'atelier sur la fixation différenciée des prix et le financement des médicaments essentiels*, 2001, 24 pages.

205. Hep Coalition, *Pills cost pennies, greed costs lives, 1st hepatitis C virus world community advisory board report,* Treatment Action Group, 2014, p. 4.

206. OMS & OMC, Rapport de l'atelier sur la fixation différenciée des prix et le financement des médicaments essentiels, 2001, 24 pages, consulté sur http://bit.ly/1msZQKh, le 8 aout 2014.

moins la principale stratégie des industries pharmaceutiques en ce début de XXIème siècle. Lors de cette rencontre, un consensus est établi sur deux points. Premièrement, « la fixation différenciée des prix pourrait et devrait jouer un rôle important dans l'accès aux médicaments essentiels à des prix abordables, surtout dans les pays pauvres, tout en permettant au système de brevets de jouer son rôle dans l'incitation à la recherche et la mise au point de nouveaux médicaments »[207]. Et deuxièmement, il est établi que « l'approvisionnement en médicaments brevetés ou génériques (…) exigera un effort financier important, à la fois pour acheter les médicaments mais aussi pour renforcer les systèmes de santé »[208]. Il est rappelé que si le prix des médicaments est un obstacle important à leur accès, d'autres facteurs déterminent aussi l'accès aux médicaments (« services de santé locaux adéquatement dotés en personnel, bien équipés, gérés, financés et centrés sur les priorités et les besoins locaux ; des systèmes de distribution efficaces ; et l'exemption de tarifs douaniers et de taxes pour les médicaments »[209]).

Afin de mettre en place cette stratégie, plusieurs contraintes doivent d'abord être levées : des contraintes économiques d'une part, il est souligné que les marchés doivent être rigidement segmentés afin d'éviter tout détournement des médicaments à prix préférentiels vers les pays à haut revenu ; et des contraintes politiques d'autre part, cette différenciation des prix nécessite en effet une certaine pédagogie politique envers les populations des pays à haut revenu. Aussi, les participants à l'atelier se sont questionnés sur les moyens nécessaires pour appliquer la stratégie des prix différenciés. Ils ont alors conclu qu'il était nécessaire d'utiliser : « les règles du marché ; la négociation bilatérale des réductions entre les compagnies et les gouvernements ; les achats en gros au niveau régional ou global ; l'impact de la persuasion morale ; le rôle des licences volontaires ou, le cas échéant, des licences obligatoires ; et la mise en place d'un système flexible

207. Ibid.

208. Ibid.

209. Ibid.

et global de fixation différenciée des prix »[210]. Enfin, il est précisé que « les médicaments essentiels devraient être accessibles par les pays pauvres au prix le plus bas possible »[211], afin que les sommes affectées au développement puissent être utilisées de manière optimale.

Au fond, cette stratégie pourrait permettre une répartition des richesses. En effet, elle est pensée afin que les coûts des traitements, et notamment les coûts de recherche et développement, soient répartis en fonction des revenus des pays. Ainsi, les pays à haut revenu paieraient des prix élevés décidés ou négociés par les industries pharmaceutiques, alors que les pays à revenu intermédiaire bénéficieraient de tarifs préférentiels par le biais de négociations des prix d'achat ou de licences volontaires. Enfin les pays à faible revenu ne paieraient que le minimum correspondant aux coûts de production. Les pays à haut et moyen revenu doivent donc assurer les coûts engendrés par la recherche et le développement de manière proportionnelle. Mais elle pose de nombreux problèmes dans une perspective démocratique de l'accès aux médicaments et dans la pratique, la stratégie des prix différenciés n'assure pas l'accès universel aux médicaments.

Premièrement, les pays à haut revenu et émergents devraient assumer l'ensemble des coûts de recherche et développement par leur PIB élevé. A l'intérieur de ces Etats, le financement de ces coûts est lui-même assumé soit par un système de sécurité sociale financé par la fiscalité, soit par un système d'assurance maladie privée. Les systèmes de sécurité sociale issus de la conception de l'Etat social d'après la seconde guerre mondiale ont été jusqu'ici financés grâce à une croissance forte qui permettait une répartition de la richesse créée vers des programmes publics sociaux. Depuis les années 1960, la croissance économique des pays à haut revenu a chuté d'une petite dizaine de pourcents pour atteindre aujourd'hui une croissance atone proche de zéro, et beaucoup d'économistes s'accordent à dire qu'elle restera ainsi. Sans croissance économique, il devient donc difficile pour les Etats sociaux

210. Ibid.

211. Ibid.

de continuer à financer aisément les dépenses publiques et ils réduisent en conséquence leurs budgets consacrés à la santé. Dans ce contexte, on peut alors se demander dans quelles mesures les Etats sociaux développés peuvent encore être en possibilité de payer le prix des médicaments aux prix décidés par les industries pharmaceutiques et les débats français sur le déficit de la sécurité sociale ne peuvent que confirmer ces questionnements.

De plus, les inégalités économiques et fiscales ne sont pas l'apanage des pays à faible et moyen revenu[212]. La répartition de la participation fiscale en fonction des revenus et du patrimoine n'est pas équitable pour assurer une juste répartition des coûts en fonction des revenus de chaque personne. Le système d'assurance privé est quant à lui purement inégalitaire puisque dépendant des revenus des populations. Les plus pauvres ne peuvent dans cette situation accéder aux soins nécessaires faute de revenu suffisant pour payer les assurances maladies, ou tombent dans la pauvreté en dédiant leurs maigres bourses aux frais de santé. La stratégie des prix différenciés ne prend pas en compte les disparités de revenu en englobant dans la catégorie des pays à haut revenu toute la population d'un Etat comme s'ils avaient les mêmes revenus. Ainsi, de par la catégorisation utilisée en fonction des revenus des Etats, la stratégie des prix différenciés ne permet pas une juste répartition des coûts à l'intérieur des pays.

Ensuite, la stratégie des prix différenciés donne le pouvoir aux industries pharmaceutiques de fixer les prix. Théoriquement, les règles du marché sont censées déterminer les prix en fonction de l'offre et de la demande. En pratique, le marché pharmaceutique est caractérisé par l'existence de monopole sur chaque médicament qui est assuré par la propriété intellectuelle, et les difficultés d'innovation du secteur pharmaceutique ne permettent pas l'existence de nombreux concurrents sur la production d'un médicament. En l'absence de concurrence, l'offre se retrouve donc immédiatement réduite et face à une demande mondiale

---

212. Piketty Thomas, *Le capital au XXIème siècle*, Le Seuil, 970 pages & Pour en finir avec les riches (et les pauvres), *Mouvements*, n°64, 2010, La Découverte, 182 pages.

importante pour les maladies qui concernent beaucoup de personnes, les prix sont en conséquence très élevés. Comme le souligne Bréger, « le laboratoire détenteur des DPI, préservé de toute concurrence, dispose alors de la liberté de pratiquer des prix pendant toute la durée d'exclusivité, et ce, afin d'opérer un retour sur investissement, remercier ses actionnaires et inciter à la continuité de ses actions innovantes »[213]. Les règles du marché peuvent donc difficilement s'appliquer à l'industrie pharmaceutique dans une perspective de santé publique. Les flexibilités ADPIC devraient alors permettre de résoudre ces distorsions par l'émission de licences obligatoires qui sont contestées par le principal lobby pharmaceutique international, the International Federation of Pharmaceutical Manufacturers[214].Mais comme nous le verrons plus tard, elles dépendent principalement d'une volonté politique qui fait jusqu'ici grandement défaut. Alors que la santé publique est de la responsabilité des Etats, les industries pharmaceutiques ont le pouvoir de décision concernant l'accès aux médicaments et proposent des prix qui sont généralement trop élevés pour assurer un accès universel aux médicaments[215]. Il est donc dans leurs intérêts de conserver et d'étendre la stratégie des prix différenciés afin qu'elles puissent faire fructifier leurs inventions.

Les inefficiences du marché au profit des pays à haut revenu

Par ailleurs, Coriat et Orsi nous livrent une analyse intéressante du développement de l'industrie pharmaceutique[216]. Reprenant la théorie de Kenneth Arrow sur la production de

---

213. Brégé, *op. cité,* p. 64.

214. « *Compulsory licensing is a threat to good public health by denying patients around the world the future benefits of R&D capabilities of the research-based industry from which new therapies come* » cf. Ellen 't Hoen, op.cité, 2003, p. 56.

215. Hep Coalition, *Pills cost pennies, greed costs lives, 1st hepatitis C virus world community advisory board report*, Treatment Action Group, 2014, p. 4.

216. Brevets pharmaceutiques,génériques et santé publique, Le cas de l'accès aux traitements antirétroviraux, Coriat et Orsi.

connaissance, il explique que cette dernière ne peut être prise en charge de façon optimale par le marché. En effet, « l'écart entre le coût de production de ce bien (qui peut être très élevé) et son coût de reproduction (proche de zéro) – lié au fait qu'il ne soit pas complètement appropriable – est à l'origine de divers types d'inefficience de marchés. Le haut degré d'incertitude qui s'attache à toute activité de production des connaissances renforce encore cette inefficience des allocations de marchés dans la mesure où ses résultats ne sont pas prévisibles »[217]. La production de connaissance dans le cadre du libre-échange nécessite donc de fortes incitations afin de ne pas se retrouver « en régime permanent de sous-investissement dans les activités de production de connaissances »[218]. D'une part, des arrangements institutionnels, ou autrement dit des mécanismes hors des règles du marché, doivent être mis en place comme les brevets ou de fortes participations publiques (prime, défiscalisation, subvention ...). D'autre part, il est nécessaire d'avoir une demande solvable afin d'assurer la vente des médicaments. Ainsi, les systèmes de sécurité sociale ou les fonds mis en place (pull system) pour acheter des médicaments dans les pays à faible et moyen revenu permettent le développement de l'industrie pharmaceutique. Si l'OMS et l'OMC considèrent que l'on peut traiter la question de l'accès aux médicaments par les règles du marché, on s'aperçoit bien ici que l'industrie pharmaceutique ne peut fonctionner uniquement sous un tel régime et qu'elle nécessite de fortes interventions de l'Etat afin d'assurer la production de connaissances et son usage aux bénéfices de toutes populations[219].

Enfin, les industries pharmaceutiques sont libres de choisir avec quels Etats elles peuvent négocier des licences volontaires et sous quelles conditions (nombre de médicaments produits ou imposition de la source d'achat des matières premières). Dans le cas de l'hépatite C, Gilead, qui a produit une molécule révolutionnant le traitement du VHC, négociera des licences volontaires avec trois pays seulement sur les quinze qui sont le plus concer-

217. Ibid, p. 155-156.

218. Ibid.

219. Article 27 de la Déclaration Universelle des Droits de l'Homme.

nés par cette épidémie[220]. Et comme nous le verrons par la suite avec l'exemple de l'hépatite C, les coûts des traitements dans le cadre d'une licence volontaire n'assurent pas un accès universel. D'après Pauline Londeix de Act up Basel, « if companies limit their VLs for DAAs to the same countries included in their VLs for HIV drugs, only 48 percent of people with HCV - at most - will be included in these agreements »[221]. Finalement, pour qu'un médicament soit disponible dans un pays, les industries pharmaceutiques doivent procéder à son enregistrement auprès de l'autorité sanitaire nationale compétente. Toujours d'après Pauline Londeix, les compagnies peuvent retarder ou faire échouer l'enregistrement dans les pays à faible et moyen revenu[222]. Comme le disait Marijn Dekkers, président de Bayer, « we did not develop this medicine for Indians. We developed it for western patients who can afford it » [223].

L'Accord des ADPIC ne favorise pas le transfert de technologie

L'accord des ADPIC était censé encourager le transfert de technologie du Nord au Sud mais comme le rappelle Varella Marcelo, il a finalement confirmé la division internationale de la propriété intellectuelle. « Depuis trente ans, les pays du Sud n'investissent que 3 % du total mondial en technologie et ont à peine 11 % des chercheurs (...) certains pays ont des programmes spéciaux grâce auxquels ils engagent des chercheurs étrangers, originaires des pays du Sud. Ainsi, les États-Unis ont plus de 30 000 docteurs venant des pays à faible et moyen revenu

220. Hep Coalition, *op. cité*, Treatment Action Group, 2014, p. 4.

221. « Si les compagnies limitent leurs licences volontaires pour les AAD aux mêmes pays que pour le VIH, seulement 48 % des personnes infectées par le VHC - au mieux - seront inclues dans ces accords », Ibid.

222. Ibid.

223. « Nous n'avons pas produit ces médicaments pour les indiens. Nous les avons produit pour les patients occidentaux qui peuvent se les offrir », Marijn Dekkers, Président de Bayer dans le Financial Times du 3 décembre 2013.

(...) 97% des brevets proviennent des pays industrialisés, et les États-Unis, le Japon, le Royaume-Uni, la France, l'Allemagne et les Pays-Bas représentent à eux seuls 84 % de toute la recherche mondiale (...) Mais même dans ce groupe, les bénéfices de la recherche sont distribués inégalement, les États-Unis recevant environ 90 % de toutes les taxes payées à titre de licences et royalties »[224]. Et d'après Remiche et Desterbecq, dans les pays à faible et moyen revenu, « dans 9 cas sur 10, les brevets y sont détenus par des firmes étrangères qui les exploitent sur place seulement dans 1 cas sur 10 »[225]. Jeffrey Sachs propose alors une classification des pays en fonction de leur capacité d'innovation. Cette division internationale de la propriété intellectuelle est une conséquence de l'histoire coloniale mais aussi des plans d'ajustement structurel présentés en introduction. La volonté des pays à haut revenu de réduire considérablement les budgets attribués à l'éducation et donc à la recherche, a ainsi entraîné le manque de possibilités d'investissement et accru les inégalités. Les plans d'ajustement structurel et l'Accord des ADPIC ont imposé l'économie de marché aux pays à faible et moyen revenu[226].

L'industrie pharmaceutique reste l'un des secteurs les plus bénéficiaires au monde avec un taux de profit moyen de 18,6 %[227]. En 2006, le chiffre d'affaires de l'ensemble de la production était estimé à 642 milliards de dollars[228]. Comme le souligne Bréger, le capital des industries pharmaceutiques est en grande partie possédé par les acteurs du monde de la finance (banques,

224. Varella Marcelo D., « L'organisation mondiale du commerce, les brevets, les médicaments et le rapport nord-sud : un point de vue du sud », Revue internationale de droit économique, 2004/1 t. XVIII, 1, p. 79

225. Remiche B. et Desterbecq H., *op. cité.*, p. 12.

226. Le Bas Christian, « Droits de propriété intellectuelle et développement. Quelques repères et analyse préliminaire sur l'économie post-TRIPS », Mondes en développement, 2009/3 n° 147, p. 47

227. Ibid. p. 13.

228. Dupont Margaux, « Les politiques d'accès aux soins de l'industrie pharmaceutique dans les pays du sud : outil de communication ou véritable engagement ? », in : Santé internationale. Les enjeux de santé au Sud, Dominique Kerouaedan (dir.), Sciences Po les Presses, 2011, p. 304

assurances, fonds de pension et organismes de placement. Ils représentent « deux tiers des capitaux du leader mondial Pfizer, et 80% du numéro 1 français sanofi-aventis Groupe »[229]. Les coûts exorbitants des médicaments exigés par l'industrie pharmaceutique sont justifiés par l'explosion des coûts de recherche et développement.

D'après Bréger, les coûts de R&D auraient plus que quadruplé entre les années 1970 et 2000, passant d'une estimation entre 48 et 54 millions de dollars US à 231 millions[230]. Philippe Pignard rapporte les chiffres donnés par une étude de l'Office of Technology Assessment (OTA), un organisme étatsunien. Le coût moyen de recherche et développement en 1993 est alors estimé à 802 millions de dollars[231]. Une autre étude réalisée par Jurgen Drews, ancien directeur de la R&D de Hoffmann Laroche annonce des coûts de « 54 millions de dollars en 1976, 359 millions en 1990 et 700 millions en 1997. Si on prolonge cette tendance, le coût moyen passerait à 1,25 milliard de dollars en 2006 »[232]. James Love a comparé les chiffres de l'étude de l'OTA avec ceux de médicaments produits pour soigner des maladies orphelines, dont le financement de la recherche est assuré en grande partie par des fonds publics[233]. Il constate ainsi que ces derniers sont trois fois moins élevés. Si l'on ne peut contester l'augmentation progressive des coûts de recherche et développement, principal argument justifiant les prix des médicaments, les chiffres présentés sont hautement contestables et à relativiser pour plusieurs raisons. D'une part, l'opacité des coûts d'innovation et de production entraine de nombreux doutes sur les coûts réels d'innovation. Ensuite, les estimations hautes de ces coûts proviennent

---

229. Ibid. p. 305.
230. Bréger, *op. cité*, 2011, p. 88.
231. Pignard, *op.cité*, 2003, p. 19.
232. Ibid.
233. Ibid. p. 20.

d'études qui dérivent d'une analyse du Tufts Center, financées par les firmes pharmaceutiques, réalisées avec leurs données et dont la méthodologie est suspicieuse[234].

De plus, d'après Act-Up Paris, en 2013 Novartis n'aurait investi que 14 % de son budget dans la recherche alors que le management et la vente représenteraient 24%[235]. Pour James Love et Tim Hubbard, 10 % des ventes seulement seraient réinvestis dans la recherche et le développement de nouveaux médicaments[236]. D'après Pignard, un ancien du secteur pharmaceutique, « les industriels placent dans la rubrique recherche et développement des dépenses considérables qui relèvent en réalité de la promotion. Ainsi, de nombreuses études (par exemple la plupart des essais dits de phase 4 (…) sont commandées et réalisées en fonction – et en fonction seulement – des objectifs du marketing »[237]. Et finalement les dépenses d'activités de recherche et développement serait inférieures de moitié aux coûts de marketing[238], une activité fortement associée à la prescription des médecins d'après Paul Benkimoun[239].

Le financement public dans l'innovation pharmaceutique

Aussi, la part du financement public est toujours mise en retrait dans l'innovation pharmaceutique. Ainsi, « selon une étude du National Bureau of Economic Affairs, 14 des 21 médicaments majeurs mis sur le marché entre 1965 et 1992 avaient ainsi bé-

234. « Coût de recherche et développement du médicament : la grande illusion », Revue Prescrire, Novembre 2003, n°244, p. 782.

235. Act-Up Paris, *Patents on medicine or human lives: time to choose*, publié le 5 février 2013, consulté le 5 juillet 2014 sur http://www.actupparis.org/spip.php?article5087

236. Tim Hubbard et James Love, « A new trade framework for global healthcare R&D », *PloS Biology Journal*, Février 2004, Volume 2, p. 148.

237. Pignard, *op.cité,* 2003, p. 21.

238. Ibid.

239. Benkimoun Paul, « L'impact de l'innovation en médecine », *Les Tribunes de la santé,* 2004/1 no 2, p. 21.

néficié de financements publics durant leur phase de recherche et leur développement. Selon une autre étude, entre 1992 et 1997, 45 des 50 médicaments les plus vendus au monde avaient également bénéficié de financements publics durant leur phase de développement »[240]. L'innovation pharmaceutique est une application de la recherche fondamentale des sciences du vivant « qui sont en grande partie le fait des instituts de recherche du secteur public et des universités »[241]. D'après Coriat et Orsi, « il n'existe aucune autre activité commerciale où les investissements publics dans la recherche sont aussi importants (...) plusieurs études montrent l'importance des transferts et subventions de toutes sortes dont bénéficie l'industrie pharmaceutique au titre de l'aide à la recherche dans la mise au point de nouveaux médicaments (Scherer, 1993)»[242].

Pour le PNUD, 70 % des médicaments qui représentent de réelles avancées thérapeutiques ont été produits grâce à la participation des pouvoirs publics[243]. Entre les participations budgétaires des Etats pour encourager la recherche appliquée, assurer la recherche fondamentale et la solvabilité des marchés, le marché pharmaceutique déroge complètement aux règles du néolibéralisme qui souhaitent minimiser au maximum l'intervention de l'Etat dans les règles du marché. Comme le soulève German Vélasquez, « les recherches de bien des institutions sont vendues à l'industrie privée, qui s'attribue parfois des brevets sur ces produits développés grâce à des fonds publics. Dès lors, la collectivité paie deux fois ces travaux ! »[244].

---

240. Bréger, *op. cité,* 2011, p. 89.

241. Rapport de la commission sur les droits de propriété intellectuelle, l'innovation et la santé publique, Santé publique, innovation et droits de propriété intellectuelle, 2006, p. 30.

242. Coriat et Orsi, *op. citéi,* 2003, p. 158.

243. PNUD, *Rapport sur le développement humain*, 1999, p. 69.

244. German Vélasquez, « Vers une recherche sans brevets », *le Monde Diplomatique*, consulté sur http://bit.ly/1qzA5fw le 20/08/2014

Finalement, si les Etats participent grandement à la recherche pharmaceutique fondamentale et appliquée, ce sont les compagnies privées qui bénéficient des retombées financières et notamment les actionnaires par le biais des dividendes. Comme le rapporte le blog pharmanalyses, l'évolution de la rémunération des actionnaires est impressionnante. « A la fin du XXe siècle, les groupes distribuaient à ces derniers environ 15 à 25 % du profit net, les plus prodigues excédant rarement un taux de distribution de 30 %. Ce dernier atteint désormais une moyenne supérieure à 50 %, quand ce n'est pas au-delà des 60 % »[245]. La rémunération des actionnaires semble être un des objectifs principaux des dirigeants qui maintiennent ou augmentent les taux de distribution quels que soit les résultats financiers. « Nous retournons presque 15 milliards de dollars à nos actionnaires distribués en dividendes et en actions »[246] annonce ainsi avec fierté Ian Read, président de Pfizer.

Ces différents arguments nous permettent de conclure que l'industrie pharmaceutique est finalement plus intéressée par les retombées financières du commerce des médicaments que par le respect du droit à la santé pour tous, et par l'avancée de la recherche scientifique, laquelle reste largement sous l'influence et la dépendance des Etats malgré leur volonté de se déresponsabiliser. Comme le rappelle German Velasquez, « à partir des années 1990, cette industrie s'est convertie au capitalisme spéculatif, à la recherche de profits immédiats, en visant des niveaux de rentabilité de l'ordre de 20 % par an, sans guère provoquer de réaction des pouvoirs publics »[247]. Afin de conserver leurs profits financiers, certaines multinationales du médicament sont prêtes à utiliser des stratégies franchement détestables en modifiant les résultats des études, en induisant volontairement les médecins en

245. Blog Pharmanalyses, Les big pharma en quete d'un autre modele économique, publié le 8 mars 2013, consulté le 15 aout 2014 sur http://bit.ly/1uC7BmX

246. Ibid.

247. German Velasquez, *op cité*, avril 2013.

erreur, en créant de nouvelles maladies ou en remettant en cause les principes éthiques de la convention d'Helsinki sur les essais cliniques[248].

Les brevets bloquent l'accès aux médicaments et ne garantissent pas des innovations satisfaisantes

De plus, l'argument utilisé depuis la loi vénitienne du XVe siècle qui prétend que les brevets encouragent l'innovation est aujourd'hui faux. Comme le souligne Varella Marcello, l'Association des entreprises américaines de production et de recherche pharmaceutique (PhRMA) « n'a présenté aucune étude scientifique sérieuse pour démontrer ses arguments, à savoir que la propriété intellectuelle contribue au développement de la recherche scientifique au niveau mondial ; elle ne s'appuie que sur une croyance historique héritée d'un passé où la recherche était faite par plusieurs chercheurs individuels, ce qui n'existe plus depuis longtemps »[249]. La recherche nécessite des investissements importants de la part des Etats et malgré cela, l'industrie pharmaceutique s'est bureaucratisée[250] au point que la recherche appliquée ne puisse aujourd'hui s'inspirer que de ce qui existe déjà[251]. On parle alors d'innovation incrémentale basée sur quelques découvertes majeures. Les industries se concentrent alors sur l'étude des pipelines des petites entreprises de biotechnologie, seul espace où réside encore une capacité de créativité.

---

248. Pignard, *op. cité*, 2003, p. 148-156.

249. Varella Marcelo D., « L'organisation mondiale du commerce, les brevets, les médicaments et le rapport nord-sud : un point de vue du sud », *Revue internationale de droit économique*, 2004/1 t. XVIII, 1, p. 79

250. Il est néanmoins nécessaire de noter que la bureaucratisation des industries pharmaceutiques est le résultat de l'implantation des essais cliniques et de la règlementation imposée par les Etats sur la recherche pour arrêter la recherche sans éthique qui se pratiquait lors de la révolution thérapeutique. Mais cela ne suffit pas à dédouaner les multinationales du médicament qui fixent leur stratégie sur un objectif unique, la rentabilité financière.

251. Pignard, *op. cité*, 2003, p. 67.

Le modèle économique de l'industrie pharmaceutique s'est métamorphosé en un système de fusion-acquisition de molécules prometteuses développées par les petits laboratoires[252].

Le système des brevets constitue alors un frein à la compétition plutôt qu'une récompense pour l'innovation[253]. Une étude de 2002 révèle ainsi que 68 % des médicaments inventés dans le dernier quart du XXe siècle sont des produits existants légèrement améliorés ou qui ne démontrent aucune innovation thérapeutique[254]. D'autres études confirment un ordre de grandeur de deux tiers[255]. Pour James Love et Tim Hubbard, entre 1989 et 2000, 76 % des médicaments ne présentaient aucune amélioration thérapeutique et seulement 1 % étaient conçus pour les maladies négligées[256]. D'après le PNUD, moins de 5 % des médicaments développés par les 25 compagnies pharmaceutiques les plus importantes ont apporté de réelles avancées thérapeutiques[257]. De 1990 à 2011, la Federal Drug Administration considérait 42 % des molécules approuvées comme de simples améliorations[258].

---

252. Nous illustrerons ces propos dans l'étude de cas de l'hépatite C.

253. UNDP, *The Doha Declaration ten years on and its impact on access to medecines and the right to health*, discussion paper, 2001, p. 21

254. Trouiller P, Olliaro P, Torreele E, Orbinski J, Laing R, et al., *Drug development for neglected diseases: A defi cient market and a public-health policy failure*, The Lancet, 2002, p. 2.

255. NIHCM Research and Educational Foundation (2002) Changing patterns of pharmaceutical innovation. Available: http://www.nihcm.org/innovations.pdf. Accessed 4 December 2004 & [Anonymous] (2001 April) A look back at 2000: Overabundance and deregulation. Prescrire International 10: 52–54.

256. Tim Hubbard et James Love, *op. cité*, Février 2004, p. 149.

257. UNDP, *Human development report,* 1999, p. 69.

258. WHO, *Research and Development to Meet Health Needs in Developing Countries : Strengthening Global Financing and Coordination, Report of the Consultative Expert Working Group on Research and Development: Financing and Coordinatibon,* 2012, p. 27

Nous l'avons déjà dit, les recherches sur les maladies négligées sont insuffisantes et nécessitent des investissements supplémentaires de la part des sociétés. Comme le rapporte MSF, « for neglected diseases such as sleeping sickness, Chagas disease or leishmaniasis, which only affect poor people, a patent holder will never be able to make a profit by charging high prices, so little R&D is conducted on these diseases. The argument for a patent system encouraging R&D for medical needs in their countries falls far short »[259]. Et comme le souligne le PNUD, un nouveau modèle d'accès aux traitements devrait donc être en capacité de dissocier le prix de production des coûts de R&D[260].

Enfin, la commission européenne a publié en 2009 le compte rendu d'une enquête menée sur l'industrie pharmaceutique[261]. Elle révèle que l'entrée des médicaments génériques sur le marché nécessite généralement une attente de sept mois en moyenne après l'expiration des brevets. Les compagnies pharmaceutiques utiliseraient différents moyens pour retarder l'arrivée des génériques : dépôt de plusieurs demandes de brevets pour un même médicament (patent cluster), attaque en justice des fabricants de génériques, accord entre les fabricants de médicaments princeps et génériques, recours devant les agences chargées de l'octroi des autorisations de mise sur le marché et/ou de la fixation du prix et du niveau de remboursement, et stratégie de recyclage des produits dont le brevet a expiré dans des « nouveaux » produits légèrement améliorés.

---

259. « Pour les maladies négligées, comme la maladie du sommeil, de Chagas ou la leishmaniose, qui affecte uniquement les population pauvre, un détenteur de brevet ne pourra jamais faire du profit en vendant à un haut prix, c'est pourquoi peu de R&D sont développés sur ces maladies. L'argument du brevet qui encourage la R&D pour les besoins de ces pays ne fonctionne pas » cf. MSF, *Drug patents under the spotlight. Sharing practical knowledge about pharmaceutical patents*, Campaign for access to essential medecines, Juin 2004, p.5.

260. PNUD, *Discussions paper on the doha declaration,* p. 21 ?

261. European commission, *Pharmaceutical Sector Inquiry, final report,* 2009, 533 pages.

Dans un cadre d'aides publiques très importantes, les brevets encouragent donc l'innovation pour des marchés qui sont solvables, une solvabilité assurée en grande partie par les systèmes de sécurité sociale des pays à haut revenu, et une innovation qui se limite en grande partie à l'amélioration de l'existant. Mais surtout, les brevets entravent l'accès aux médicaments existants pour les pays à faible et moyen revenu[262]. Le rôle des brevets serait-il alors de garantir des bénéfices financiers aux actionnaires des industries ? Comme le souligne Varella Marcello, « la fonction idéale de la propriété intellectuelle serait de permettre aux autres entreprises concurrentes, surtout celles dont la taille est moins importante, d'apprendre comment la technologie a été développée et de la reproduire ensuite, dans une première étape, pour la faire avancer à une étape postérieure. Mais, dans un monde globalisé où opère un nombre restreint d'entreprises et où un important niveau de décalage scientifique s'installe entre ces entreprises, la propriété intellectuelle ne remplit pas sa fonction idéale, parce qu'il n'y a pas d'autres producteurs de technologie, surtout dans les pays à faible et moyen revenu. La fonction réelle de la propriété intellectuelle est, dans ce cas, de garantir les marchés mondiaux aux seuls producteurs de technologie et d'empêcher les pays capables de copier la technologie de le faire »[263].

Les licences volontaires sont insuffisantes pour assurer un accès universel à des prix négociés et comme nous allons désormais le voir, les Etats n'ont toujours pas pris les mesures nécessaires pour assurer le respect du droit aux médicaments. Enfin, les règles du marché ne peuvent s'appliquer à l'industrie pharmaceutique à cause des multiples déficiences que nous avons présentées. La stratégie des prix différenciés est donc un échec pour assurer l'accès universel aux médicaments dans une perspective démocratique, économique et de justice sociale. De nombreuses organisations internationales (PNUD, FAO, OMS, Secrétaire Général) ont contesté l'inefficacité des ADPIC et

---

262. MSF, *Les brevets, le droit commercial international et l'accès aux médicaments essentiels*, 3e édition, MSC Access Campaign, mars 2003, p. 7.

263. Varella Marcelo D., *op. cité,* 2004, p. 79.

ses conséquences désastreuses[264]. Comme le conclut le PNUD, « l'Accord ADPIC va permettre aux multinationales de dominer le marché global plus facilement (...) les personnes et les pays pauvres risquent d'être marginalisés et exclus de ce régime de propriété, qui contrôle la connaissance mondiale »[265].

264. Ibid. p. 83.

265. PNUD, *op. cité*, 1999, p.68.

CHAPITRE V
STRATÉGIE DES ETATS

« Les dirigeants des pays du G8 ont approuvé à Gleneagles en 2005 l'objectif consistant à s'approcher le plus possible de l'accès universel au traitement anti-VIH d'ici 2010. Cela nécessitera de nouveaux investissements et de nouveaux efforts importants de recherche pour parvenir à traiter à une échelle supérieure, là où les ressources manquent, grâce à des innovations telles que de nouvelles formulations plus nombreuses de médicaments anti-VIH pour les enfants et des tests plus simples pour diagnostiquer la maladie et suivre les patients »[266].

Commission de l'OMS sur les droits de propriété intellectuelle, l'innovation et la santé publique, Santé publique, innovation et droits de propriété intellectuelle.

En 2011, un rapport du PNUD[267] déclarait que depuis la Déclaration de Doha, les Etats n'avaient toujours pas pris les mesures nécessaires à la protection de la santé publique. Seuls 29 pays, dont des pays à faible revenu, garantissent l'épuisement des droits aux niveaux national ou régional. Dans au moins 45 pays à faible et moyen revenu, la brevetabilité pour une seconde utilisation thérapeutique est approuvée, et 41 pays à haut revenu accordent la protection exclusive des données issues des essais cliniques ; alors que ce ne sont pas des dispositions figurant dans

266. Rapport de la commission sur les droits de propriété intellectuelle, l'innovation et la santé publique, Santé publique, innovation et droits de propriété intellectuelle, 2006, p.106.

267. Carlos Correa & Duncan Matthew, *Discussion paper. The Doha Declaration ten years on and its impact on access to medicines and the right to health*, United Nations Program for Development, 2011, p. 19-20.

l'accord des ADPIC. Selon Richard Laing de l'OMS, l'accès aux médicaments est un facteur important pour connaître la volonté d'un Etat de garantir le droit à la santé[268].

Ainsi, selon le rapporteur spécial à la santé, Anand Grover, « l'offre de produits génériques est beaucoup plus faible dans le secteur public (de 30 à 40 %) que dans le secteur privé (60%), de sorte que de nombreux patients qui vivent dans la pauvreté et utilisent les services de santé publique ont un accès limité aux médicaments »[269]. Mais il nuance ces résultats en justifiant que l'accès aux génériques dans le secteur public nécessite des ressources supplémentaires, une meilleure évaluation des dépenses et des demandes, et de meilleurs systèmes d'approvisionnement et de distribution. Enfin, une étude de l'OMS rapporte que « sur 186 constitutions, 135 contenaient des dispositions sur la santé ou le droit à la santé. Sur ces 135 textes, 95 mentionnent le droit à l'accès aux installations, produits et services sanitaires, mais 4 seulement définissent l'accès aux médicaments essentiels comme un droit fondamental (Mexique, Pérou, Philippines et République arabe syrienne) »[270].

Les pays à haut revenu : le renforcement des droits de propriété intellectuelle par la lutte contre la contrefaçon et les accords bilatéraux de libre-échange

Les pays à haut revenu soutiennent de manière générale leurs industries pharmaceutiques et font régulièrement pression sur les Etats du Sud pour qu'ils restreignent l'utilisation des licences

268. Rapport du rapporteur spécial sur le droit qu'a toute personne de jouir du meilleur état de santé physique et mentale possible, Consultation d'experts sur l'accès aux médicaments considéré comme un élément fondamental du droit à la santé, A/HRC/17/43, Conseil des droits de l'Homme, 17ème session, mars 2011, p. 5.

269. Ibid.

270. Ibid.

obligatoires[271]. Mais ils ont aussi trouvé de nouveaux moyens pour favoriser les médicaments princeps par la dénonciation de la contrefaçon et de nouveaux accords de libre-échange. Les pays à haut revenu souhaitent désormais introduire des recours pénaux dans le droit des brevets, « ce qui reviendrait à confier aux services des douanes et aux organes de règlementation pharmaceutique le soin de décider s'il y ou non contrefaçon »[272]. Ces dernières années, la lutte contre la contrefaçon fut symbolisée par le traité international Anti-Counterfeiting Trade Agreement (ACTA) qui visait à renforcer les droits de propriété intellectuelle[273]. Si nous ne nions pas le fait qu'il peut exister de la contrefaçon de médicaments et que celle-ci peut être très dangereuse pour la santé, il convient de comprendre les dangers de cette argumentation dans le cadre de la santé publique. D'une part, les économies parallèles sont mises en place quand l'accès à un produit est très difficile, que ce soit à cause de contraintes légales ou tarifaires, et il conviendrait alors de faciliter l'accès aux médicaments plutôt que de mettre un nouveau système répressif en œuvre. Et d'autre part, certains Etats ont pris des mesures drastiques contre la contrefaçon qui menacent gravement l'accès aux médicaments génériques. Ainsi en 2008, plusieurs bateaux transportant des génériques partis d'Inde à destination des pays à faible et moyen revenu furent bloqués en douane[274]. En 2009, les Pays Bas bloquaient à l'aéroport de Schiphol des ARV financées par Unitaid à destination du Nigeria[275]. De même, la législation introduite au Kenya en 2008 pour lutter contre la contrefaçon

---

271. UNDP, *The Doha Declaration ten years on and its impact on access to medecines and the right to health*, 2001, p. 18

272. Rapport du rapporteur spécial sur le droit qu'a toute personne de jouir du meilleur état de santé physique et mentale possible, *op. cité*, A/HRC/17/43, mars 2011, p. 9.

273. Florent Latrice, *Traité secret sur l'immatériel*, Le Monde Diplomatique, mars 2012, consulté sur http://bit.ly/1nBPMiI le 15 aout 2014.

274. Algérie Focus, *Traité secret sur l'immatériel ou comment on prépare le contrôle de l'internet*, publié le 1/12/2010 sur http://bit.ly/1onh3ES consulté le 26/08/2014.

275. Ibid.

pourrait empêcher l'utilisation de générique[276]. Comme le souligne le rapporteur spécial à la santé, « si le produit n'est breveté dans aucun pays, le chargement peut être saisi et le transport déclaré illégal »[277].

D'autre part, les Etats occidentaux, Etats-Unis en tête, continuent de développer un libre échange exacerbé sans aucune considération pour les droits des peuples. Le principe est toujours le même, supprimer le maximum d'entraves aux commerces des services et aux marchandises. Mais ces accords finissent par bénéficier aux multinationales occidentales qui peuvent mettre en place une division internationale de la production économique en créant et mettant sur le marché leurs produits au Nord et en assurant la production au Sud grâce à une main d'œuvre peu onéreuse et des matières premières à bas coûts. Les pays à faible et moyen revenu se retrouvent alors inondés par des produits à bas coûts et parfois subventionnés[278], qui empêchent le développement des marchés locaux. Si le libre-échange peut être favorable entre des pays aux économies équivalentes, car il favorisera la complémentarité des économies, il ne l'est pas pour tous les domaines économiques, et notamment ceux dont l'ensemble de la production peut être localisé, et entre des pays dont le rapport de force est complètement disproportionné.

Ainsi, les accords de libre-échange actuels ont pour objectif de maximiser les rendements financiers des multinationales plutôt que de soutenir un commerce respectueux des droits humains[279] et de l'environnement. Comme le soulignait l'altermondialiste indienne Vandana Shiva, « le libre-échange, c'est la dictature

---

276. UNDP, *op. cité*, 2001, p. 19

277. Rapport du rapporteur spécial sur le droit qu'à toute personne de jouir du meilleur état de santé physique et mentale possible, *op. cité*, A/HRC/17/43, mars 2011, p. 9.

278. Voir les débats sur la Politique Agricole Commune européenne et ses conséquences sur les économies agricoles des pays à faible et moyen revenu.

279. Voir par exemple la guerre de l'eau à Cochabamba en Bolivie ou les émeutes de la faim en 2008.

des entreprises »[280]. Depuis 2011, des organisations de la société civile européenne ont constitué un consortium afin de proposer un mandat alternatif au développement du commerce[281]. On peut aussi noter le récent concept de responsabilité sociétale et environnement des entreprises qui est notamment porté en France par l'organisation Sherpa[282] et qui souhaite par le biais judiciaire que les multinationales répondent des conséquences de leurs actes sur le développement des populations et l'environnement.

Dans notre champ d'étude, les accords de libre-échange cherchent à imposer aux pays à faible et moyen revenu des dispositions supplémentaires à l'Accord des ADPIC sur les droits de propriété intellectuelle, appelées ADPIC-plus. S'ils ne peuvent supprimer directement les flexibilités permises par l'Accord des ADPIC, de nouvelles conditions peuvent être exigées qui restreindraient grandement l'accès aux produits de santé. Elles peuvent alors limiter les flexibilités permises par les ADPIC. Les accords de libre-échange sont toujours un outil de puissance structurel pour les Etats-Unis. Pour eux, l'objectif de l'accord de libre-échange transpacifique est d'encercler la Chine en renforçant ses partenariats régionaux en Asie du Sud-Est afin de l'obliger à intégrer les règles commerciales négociées en amont avec ses partenaires. D'après Judit Rius de Médecins Sans Frontières, « the TPP negotiations are being conducted in secret but leaked texts reveal the most aggressive intellectual property (IP) measures ever suggested in a trade deal with developing countries »[283]. Ainsi d'après Wikileaks, pour les brevets « détenus par les entreprises, les Etats-Unis proposent quatre-vingt-quinze ans

---

280. Entretien de Bastamag avec Vandana Shiva, consulté sur http://bit.ly/1p817q3 le 27/08/2014

281. Alternative Trade Mandate, http://www.alternativetrademandate.org/

282. ONG Sherpa http://www.asso-sherpa.org/

283. « Les négciations du TPP sont conduites dans le secret mais des fuites ont révélé des dispositions sur la propriété intellectuelle, les plus agressives jamais soumises dans un accord commercial avec les pays en développement », entretien avec Judit Rius de MSF, consulté sur http://bit.ly/1B8Iuv0 le 01/09/2014

de droits exclusifs [et] cent vingt ans quand les travaux n'ont pas été publiés »[284]. De manière générale, on trouve dans les divers accords les dispositions suivantes[285] :

- Extension du domaine de brevetabilité afin de permettre la brevetabilité d'une molécule existante pour une nouvelle utilisation thérapeutique, une amélioration mineure, une nouvelle posologie ou une nouvelle forme galénique.
- Interdiction des oppositions aux brevets afin d'interdire le contrôle des processus de brevetabilité par la société civile, des producteurs de génériques ou n'importe quel tiers.
- Extension de la durée des brevets au-delà de la durée de vingt ans imposée par les ADPIC.
- Exclusivité des données d'enregistrement afin d'empêcher l'accès aux données fournies aux autorités en charge de l'enregistrement des médicaments et des brevets. Ces informations sont utilisées par les producteurs de générique afin de procéder à la découverte du processus de fabrication par ingénierie inversée.
- Renforcement des moyens de contrôle du respect des droits de propriété intellectuelle.
- Limitation des motifs d'utilisation d'une licence obligatoire[286].
- Brevetabilité des procédés médicaux.

---

284. Wikileaks, « Secret TPP treaty : Advanced Intellectual Property chapter for all 12 nations with negotiating positions », 13 novembre 2013.

285. UNDP, UNAID, *The potential impact of free trade agreements on public health*, 2012, 6 pages.

286. Disposition inclue dans les accords passés avant la déclaration de Doha (Accord US-Jordanie). cf. UNDP, *The Doha Declaration ten years on and its impact on access to medecines and the right to health*, 2001, p. 20

• Interdiction pour les autorités sanitaires nationales d'approuver un médicament générique tant que le brevet du médicament princeps n'est pas terminé[287].

Dans un rapport commun, l'OMS, le PNUD et l'ONUSIDA s'inquiètent fortement des conséquences des dispositions ADPIC plus[288]. « There is growing evidence that TRIPS-plus provisions may adversely impact medicine prices and consequently, access to treatment. A recent study estimated that the TRIPS-plus provisions in the US-Colombia Trade Promotion Agreement would increase expenditure on medicines in Columbia by US$ 919 million by 2020 or, alternatively, such measures would lead to a reduction in medicine consumption by 40% »[289].

Les pays à faible et moyen revenu : vers la fermeture de la pharmacie du monde ?

Pour la majorité des pays à faible et moyen revenu, une harmonisation du système international de propriété intellectuelle n'avait aucun intérêt. Ils n'étaient et ne sont toujours pas en capacité de copier la technologie et de la développer. Ils se retrouvent donc contraints d'utiliser les minces marges de manœuvre permises par les flexibilités et devraient s'inspirer de la législation indienne qui est reconnue pour favoriser l'accès aux médicaments.

---

287. MSF Access Campaign, *Trading Away Health : The Trans-Pacific Partnership Agreement (TPP),* 2013 consulté sur http://bit.ly/1x0eQtk le 01/09/2014.

288. UNAIDS, UNDP and WHO, *Policy Brief: Using the TRIPS Flexibilities to Improve Access to Treatment,* 2011.

289. « Il est de plus en plus évident que les dispositions ADPIC plus peuvent avoir un impact important sur le prix des médicaments, et par conséquence sur l'accès aux traitements. Une étude récente estime que les dispositions ADPIC plus de l'accord de promotion du commerce entre les USA et la Colombie augmentera les coûts des médicaments en Colombie de 919 millions de dollars US en 2020, ou autrement dit, de telles mesures mèneront à une réduction de la consommation de médicaments de 40 % », Ibid. p. 4.

La loi indienne sur les brevets de 1970 à 2005, interdit la brevetabilité des molécules mais garantit la brevetabilité des procédés de fabrication pendant cinq ou sept ans[290]. Elle permet aux industriels indiens d'étudier les molécules existantes et de trouver par des procédés d'ingénierie inverse un procédé (il en existe théoriquement une infinité) pour fabriquer la molécule en question. Ces possibilités ont permis à l'Inde de développer une industrie chimique importante, ainsi que des capacités de recherche et de développement. Rappelons brièvement que la fabrication d'un médicament est soumise à deux étapes. D'une part l'élaboration d'un produit actif à partir de matières premières et d'autre part, la formulation du médicament qui consiste à le « rendre absorbable (…) par le corps humain, en maximisant l'effet thérapeutique et en supprimant les effets secondaires graves provoqués par l'absorption de la molécule »[291].

En 2005, la loi garantissant les droits de propriété intellectuelle et conforme aux ADPIC intègre ainsi plusieurs mesures importantes. D'une part, les critères de brevetabilité exigent une nouveauté absolue. La loi indienne interdit donc la brevetabilité d'une nouvelle molécule qui serait une amélioration d'une molécule existante, pratique autrement appelée evergreening. Elle interdit de la même manière la brevetabilité d'une molécule existante pour une nouvelle utilisation thérapeutique. Ensuite, l'exception Bolar est intégrée et permet la fabrication de générique avant la fin d'un brevet (non pas sa distribution). Comme la Chine, la Norvège, l'Islande et l'Union Européenne, l'Inde garantit aussi la possibilité d'émettre des licences obligatoires pour exportation. Enfin, il est possible pour un tiers de contester des demandes de brevetabilités avant ou après la réponse du bureau des brevets. Ces différentes mesures ont ainsi permis en 2006 de rejeter une demande de brevet effectuée par Novartis sur un anticancéreux utilisé dans le traitement des leucémies, le Glivec. Dans le même moment, et seulement cinq ans après le procès

290. Cassier Maurice, Correa Marilena, « Brevets de médicament, luttes pour l'accès et intérêt public au Brésil et en Inde », *Innovations*, 2/ 2010 (n° 32), p.109

291. Coriat et Orsi, *op. cité*, 2003, p. 167.

Pretoria, la compagnie suisse attaquait le gouvernement indien devant ses tribunaux afin de lever ces restrictions et élargir les possibilités de brevets. Après avoir été déboutée, elle a fait appel devant la Cour suprême qui a rendu son verdict en 2013 et a confirmé l'interprétation de la loi indienne sur les brevets par le bureau des brevets interdisant la brevetabilité du Glivec[292].

Si l'Inde a jusqu'ici été exemplaire pour favoriser l'accès aux traitements génériques, plusieurs éléments nous laissent inquiets sur l'avenir de la pharmacie du monde. D'une part, MSF rapportait en 2003 que depuis la signature de l'Accord des ADPIC, l'industrie pharmaceutique indienne a intensifié sa recherche et développement pour des maladies occidentales et non pour les maladies endémiques en Inde. « Comme toutes les compagnies axées sur le marché, les priorités de R&D pharmaceutique en Inde sont conditionnées par l'ampleur des marchés potentiels plutôt que par les besoins médicaux »[293]. D'autre part, l'Inde et l'Union Européenne sont en train de négocier un accord de libre-échange qui pourrait limiter la production de générique en Inde et causer la mort de millions de personnes selon MSF[294]. Les négociations s'étant avérées difficiles, elles ont été gelées et devaient reprendre après les élections nationales indiennes du printemps 2014[295]. Mais un autre accord régional[296] est en cours de négociations que l'Inde a récemment rejoint. Toujours d'après

292. MSF, *Novartis vs. Inde : une victoire pour l'accès aux médicaments génériques*, publié le 01/04/2013 sur http://bit.ly/1svIvnt consulté le 26 aout 2014.

293. MSF, *Les brevets, le droit commercial international et l'accès aux médicaments essentiels*, 3e édition, MSF Access Campaign, mars 2003, p. 6.

294. MSF, *L'accord de libre-échange UE-Inde menace des millions de vies*, publié le 09/04/2013 sur http://bit.ly/1rzrXzc consulté le 27/08/2014

295. Les Echos, *Pas d'accord de libre-échange entre l'Inde et l'Europe*, consulté sur http://bit.ly/1wBqoDb le 27/08/2014

296. Régional Comprehensive Economic Partnership (RCEP), accord de libre-échange entre le groupe de pays de l'ASEAN et l'Australie, la Chine, l'Inde, le Japon, la Corée du Sud et la Nouvelle Zélande.

MSF[297], le Japon a demandé l'inclusion des dispositions ADPIC-plus qui contraindraient fortement la production de médicament générique.

Enfin, le PNUD remarquait en 2011 que des compagnies locales qui produisaient des médicaments génériques ont été rachetées par des entreprises étrangères. Ces dernières seraient en train de changer le précédent modèle économique en favorisant la production de médicaments à destination des marchés solvables des pays à haut revenu au détriment des médicaments génériques pour les indiens[298]. Ce changement de stratégie symbolise l'ascension d'un pays émergent qui de par sa puissance économique se comporterait désormais comme les pays à haut revenu. Sa position concurrentielle avec la Chine et les rapprochements des dirigeants indiens et étatsuniens[299] fragilisent aussi la posture de résistance de l'Inde malgré ses interventions régulières au Conseil des ADPIC. Enfin, les lobbies pharmaceutiques font pression sur le département du commerce américain afin que l'Inde soit inclue sur la liste 301[300]. Insérées dans un référentiel du marché et désireuses de concurrencer les multinationales occidentales, les compagnies qui jusqu'ici avaient assuré l'accès à des médicaments génériques peu chers, seraient-elles en train de prendre la même stratégie que les compagnies occidentales, préférant la recherche du profit financier au respect du droit à la santé ?

Après avoir analysé les stratégies des industries du médicament et des Etats, il est intéressant de regarder de plus près l'institution internationale responsable du droit à la santé. Cible de tractation intense entre les pays, les industries privées et les sociétés civiles, l'OMS cherche depuis le début des années 2000 à

297. Lettre de MSF Access Campaign au Ministre indien du Commerce et de l'Industrie en date du 22 août 2014, AC/IND/01/2014.

298. UNDP, *op. cité,* 2001, p. 19.

299. Saint-Mézard Isabelle, « L'incident frontalier du printemps 2013 : un essai d'interprétation des relations sino-indiennes », *Hérodote*, 2013/3 n° 150, p. 146.

300. MSF Access Campaign, *Untangling the web*, 2014, p. 11.

poursuivre le compromis instauré par l'Accord des ADPIC entre le droit à la santé et les droits de propriété intellectuelle. Si la mobilisation de l'OMS dans le cadre de l'accès aux médicaments est fortement remis en question, le rapporteur spécial au droit à la santé et le PNUD se positionnent fortement sur le respect du droit à la santé.

CHAPITRE VI
LA MOBILISATION INTERNATIONALE PAR LE PRISME DES RÉSOLUTIONS DE L'OMS

> « Avec le tournant des années 2000, l'épidémie de l'infection à VIH aura agi au niveau global comme un révélateur des dysfonctionnements locaux connus depuis longtemps. Il aura fallu une pandémie détruisant des familles et des groupes professionnels comme les soignants, pour que les enjeux de l'accès aux médicaments émergent enfin sur l'agenda international »[301].
>
> Marc Dixneuf

La communauté internationale a tardivement pris conscience de la nécessité d'une mobilisation politique et financière de la part des Etats. Les objectifs du millénaire pour le développement, la création du Fonds mondial, du plan Pepfar, d'Onusida, d'Unitaid, la Fondation Bill et Melinda Gates et les engagements du G8 ont contribué à la prise de conscience de la responsabilité mondiale qu'implique la santé. Mais pour Ellen 't Hoen, avant les années 2000, l'engagement de l'OMS dans les questions de santé liées au commerce était hautement controversé. « For example, in 1998, in response to the draft World Health Assembly's resolution on the RDS and in reference to considerable concern among the pharmaceutical industry, the European Directorate General for Trade (DG Trade) of the European Commission concluded: No priority should be given to health over intellectual property considerations »[302].

301. Marc Dixneuf, « Politiques globales de l'accès aux médicaments : entre tradithérapeutes et OMC », in : Dominique Kerouedan (dir.), *Santé Internatonale*, Editions Sciences Po les Presses, 2011, p. 289.

302. « Par exemple, en 1998, en réponse à une proposition de résolution OMS sur le RDS et en référence à des préoccupations importantes à propose de l'industrie pharmaceutique, la Direction Générale du Commerce de la

La faible mobilisation de l'OMS, l'échec de la conciliation de la propriété intellectuelle et du droit à la santé

L'analyse des documents essentiels produits par l'OMS depuis la déclaration de Doha est intéressante pour comprendre l'évolution du consensus international concernant l'accès aux médicaments. Déjà en 2001, l'OMS émet une résolution sur sa stratégie pharmaceutique[303]. Les accords commerciaux sont évoqués dès le deuxième paragraphe pour marquer les défis qu'ils engendrent pour l'accès aux médicaments. Rappelant le caractère fondamental du droit à la santé, la déclaration décompose le cadre global de l'OMS pour l'accès aux médicaments en quatre aspects : la sélection et l'utilisation rationnelle des médicaments, un système de distribution fiable, la durabilité financière et des prix raisonnables[304]. Cette année-là, un tiers de l'humanité n'a pas accès aux médicaments essentiels. Les Etats sont alors priés de s'engager pour assurer l'accès aux médicaments, notamment, par la mise en place de loi pharmaceutique nationale, et pour promouvoir les industries domestiques dont la fabrication de générique.

En 2002, l'Assemblée mondiale de la Santé adopte une résolution[305] dont l'objet est de garantir l'accès aux médicaments essentiels. Les médicaments essentiels se démarquent des autres médicaments par leur aspect vital. Une liste est éditée tous les deux ans par l'OMS où des médicaments sont retirés ou ajoutés en fonction de l'évolution de la pharmacie. L'objectif est de promouvoir l'accès à des médicaments vitaux et de bonne qualité, ainsi que leur usage rationnel. La résolution pousse les Etats membres « to reaffirm their commitment to increasing access to medicines, and to translate such commitment into specific re-

---

Commission Européenne concluait : aucune priorité ne devrait être donnée à la santé pour des considérations sur la propriété intellectuelle », Ellen 't Hoen, *op.cité*, 2003, p. 48

303. WHA54.11 - *WHO medicines strategy,* may 2001.

304. Ibid.

305. WHA55.14 - *Ensuring accessibility of essential medicines*, may 2002..

gulation within countries »[306] et d'accorder les politiques pharmaceutiques nationales avec la liste des médicaments essentiels de l'OMS et les directives sanitaires. Disponibilité, qualité, prix juste et accessibilité géographique sont les critères définis pour interpréter la satisfaction des besoins en médicament de la population. On note avec intérêt que cette résolution encourage la stratégie des prix différenciés entre les pays à haut, moyen et bas revenu. Enfin, il est rappelé que l'objectif final est de rendre les médicaments essentiels accessibles et disponibles pour les personnes qui en ont besoin.

La même année, l'OMS et le secrétariat de l'OMC publient un rapport commun afin de comprendre comment les accords de l'OMC peuvent influencer la santé et les politiques de santé. Il est d'ailleurs surprenant que l'on se pose la question après l'application des accords. Partant du principe que l'accord des ADPIC exprime la volonté de concilier les politiques commerciales et de santé publique, il souligne que la libéralisation du commerce peut « contribuer à améliorer la qualité et l'efficacité de l'approvisionnement et/ou accroitre les recettes en devises »[307]. Par le biais des investisseurs étrangers et des mouvements du personnel de santé, la libéralisation permettrait de combler les manques d'investissement étatique dans la santé. Il est toutefois reconnu que les flux migratoires des populations formées entrainent un déficit de ressources humaines pour les pays d'émigration ; et que les mouvements de capitaux sont régis par la recherche du profit et peuvent donc desservir l'assouvissement des besoins de santé dans les régions les plus pauvres. Les progrès scientifiques en biotechnologie et dans les technologies de l'information sont aussi considérés comme des facteurs positifs pour l'amélioration de la santé publique, mais leur coût élevé ne les rend pas accessibles aux populations les plus pauvres et dépourvues de protection sociale.

306. « À réaffirmer leur engagement à augmenter l'accès aux médicaments, et de transposer cet engagement dans leurs législations », Idib.

307. OMS & OMC, *Les accords de l'OMC et la santé publique*, 2002, p. 19.

Malgré tout, en se basant sur les exemples du Canada et de la Thaïlande, le rapport conclut qu'il est possible de concilier les politiques commerciales et de santé publique si « l'interaction entre ceux qui élaborent et appliquent les politiques commerciales et les politiques de santé »[308] sont renforcées. D'après ce rapport, « l'absence de protection par les brevets et la présence d'un certain nombre de producteurs génériques ne signifient pas toujours que les prix des médicaments soient plus bas »[309]. Rappelons néanmoins que le gouvernement thaïlandais mène une politique exemplaire et qu'il a émis plusieurs licences obligatoires afin de protéger la santé publique. En 2011, l'Onusida saluait les réussites de la Thaïlande. « 80 % des personnes qui en ont besoin bénéficient d'un traitement antirétroviral et près de 97 % des femmes enceintes séropositives ont accès aux services de prévention de la transmission du VIH de la mère à l'enfant »[310]. Comme nous le racontait Gaelle Krikorian, la pratique positive que l'on peut retenir de l'expérience thaïlandaise est la mise en cohérence des politiques commerciales avec les politiques de santé. La politique commerciale internationale est pilotée par un comité qui est présidé par un adjoint au Premier ministre et composé par des représentants du Ministère de la santé. Ce dernier a constitué « un réseau de spécialiste qui ont une bonne compréhension des questions commerciales et sont en mesure de conseiller les responsables du commerce »[311].

Enfin, une commission ministérielle du commerce international et de la santé réunit « des experts du monde universitaire et des représentants de la société civile et du Ministère du commerce » afin de débattre des « questions essentielles de santé et de commerce »[312]. Cette organisation du processus de décision

308. OMS & OMC, op. cité, 2002, p. 22.

309. Ibid, p. 104.

310. L'ONUSIDA salue les réussites de la Thaïlande dans la riposte au sida et exhorte le pays à maintenir son leadership dans ce domaine à travers une « révolution de la prévention du VIH « , le 18 février 2011, consulté le 11 aout sur http://bit.ly/1mBEM4r

311. OMS & OMC, *op. cité*, 2002, p.156.

312. Ibid. p. 157.

politique favorise l'accès aux médicaments par son respect des perspectives différentes qui sont portées sur la santé. Ainsi, lorsqu'une décision est prise dans le champ du commerce, les autres champs qui sont en interaction prennent part au processus de décision afin d'y inclure la compréhension des rétroactions conséquences de la décision prise. Elle constitue une réponse appropriée pour résoudre la fragmentation de la pensée cartésienne et permet ainsi de travailler sur les interactions entre disciplines de pensée, de repenser un vocabulaire commun et finalement de s'approprier une réalité commune.

En mai 2003, le secrétariat de l'OMS établit une note[313] sur la situation actuelle de la propriété intellectuelle, l'innovation et la santé publique à l'attention des Etats membres. Constatant que les nouvelles recherches requièrent fréquemment des partenariats public-privé, le secrétariat de l'OMS explique que dans le champ pharmaceutique, les industries ont besoin d'une garantie de l'existence de marché solvable pour leurs produits. « L'absence de marché viable et durable pour les produits, à cause de la pauvreté des patients et de l'absence d'autres mécanismes de prise en charge par l'Etat via l'assurance-maladie ou d'autres systèmes, explique la rupture du cycle de l'innovation »[314]. Ainsi, les partenariats publics privés peuvent avoir pour objet de soutenir directement la recherche, ou d'assurer des débouchés commerciaux pour les nouveaux produits par la mise en place de différents dispositifs (mécanisme pull où les médicaments sont achetés avant d'être produits par exemple). Les fonds publics ou philanthropiques, tels le Fonds mondial ou la Fondation Gates, permettent aux compagnies d'estimer plus aisément les caractères du marché, dont l'ampleur et la solvabilité, et d'ajuster en fonction leurs stratégies financières et commerciales. Si cette note reprend les grands arguments des lobbies pharmaceutiques, elle précise, en rappelant la déclaration de Doha, que dans

313. Rapport du secrétariat de l'OMS sur les Droits de Propriété intellectuelle, l'Innovation et la Santé publique, A56/17, mai 2003.

314. Commission sur les droits de propriété intellectuelle, l'innovation et la santé publique, *Santé publique, innovation et droits de propriété intellectuelle*, OMS, 2006, p.102

certaines circonstances les produits de santé doivent être traités différemment. On aperçoit alors clairement les tentatives de réconciliation des droits de propriété intellectuelle et du droit à la santé[315].

Cependant la note reprend une citation du rapport du Comité sur la recherche de l'OMS qui stipule que : « the current situation has gone too far in promulgating a culture of ownership, and if it is allowed to continue it will inevitably lead to further inequalities in health care »[316]. Il est clairement énoncé que le prix, sans être le seul déterminant d'accès aux médicaments, est la principale entrave à l'accès aux médicaments. On penserait alors qu'il serait nécessaire de restreindre la culture de la propriété afin de favoriser la réduction des inégalités, et que la propriété intellectuelle est par déduction la principale barrière d'accès aux traitements. Mais la note finit par stipuler qu'aucune solution universelle n'est possible. Tout en reconnaissant que les prévisions estiment une augmentation des prix des médicaments en conséquence de la pleine implémentation des ADPIC dans les pays à faible et moyen revenu, elle propose l'utilisation de tous les outils à disposition (prix différenciés, licence volontaire, licence obligatoire, achat en masse et donations des compagnies) pour atteindre le droit à la santé.

---

315. « The exclusive right to market a product during the life of a patent allows the holder to recoup some or all of their initial investment, by charging more for the product. However, the cost to society, particularly in developing countries, would be high if intellectual property rights were used beyond the original intent of stimulating innovation, as a commercial tool that overly restricts competition ».

316. « Dans la situation actuelle, on a été bien trop loin dans la promotion de la propriété, et si cela est autorisé à continuer, ça mènera inévitablement à une augmentation des inégalités dans l'accès aux soins », cf. Rapport du secretariat de l'OMS, *Intellectual property rights, innovation and public health*, A56/17, 12 mai 2003.

En 2003, la résolution issue de la cinquante sixième Assemblée mondiale de la santé[317] marque l'écart entre les pays à haut revenu et le reste du monde en termes d'accès aux médicaments. Reprenant de célèbres statistiques sur la recherche pour les maladies négligées[318], elle rappelle que les Etats membres doivent adopter les flexibilités ADPIC dans leurs lois nationales afin de protéger la santé publique et de promouvoir l'accès aux médicaments pour tous ; et considère que les industries pharmaceutiques devraient s'efforcer d'innover afin de traiter les maladies les plus mortelles. Le rôle de la propriété intellectuelle est reconnu dans le développement des médicaments essentiels. Les nouveaux médicaments devraient être universellement accessibles et sans discrimination. Afin de suivre l'évolution de l'accès aux médicaments dans le cadre des ADPIC, la résolution demande la création d'une commission qui sera en charge de publier une analyse des droits de propriété intellectuelle, de l'innovation et de la santé publique.

Réunis à Mexico en novembre 2004, cinquante-huit Etats membres ont approuvé la déclaration de Mexico sur la recherche en santé. Un an plus tard, la cinquante huitième Assemblée mondiale de la santé approuve la déclaration qui souhaite promouvoir les systèmes de santé nationaux basés sur une recherche nationale conséquente. Les partenariats public-privé sont encouragés pour « soutenir le développement de produits tels que les médicaments essentiels, les vaccins et les produits diagnostics aux niveaux régional, national et mondial »[319]. Le manque de financement est évoqué pour inciter l'augmentation des financements pour la recherche. Afin de définir des objectifs chiffrés, les Etats membres sont invités à investir « au moins 2% des dépenses de

317. WHA56.27 - Intellectual property rights, innovation and public health, mai 2003.

318. 1400 produit développés entre 1975 et 1999 et seulement 13 pour les maladies tropicales dont 3 étaient pour la tuberculose ; 90% des achats pharmaceutiques mondiaux sont réalisés dans les pays à haut revenu alors que 90 % des morts dues aux maladies infectieuses arrivent dans les pays à faible et moyen revenu.

319. A58/22 - Sommet ministériel sur la recherche en santé, avril 2005.

santé nationales dans la recherche et le renforcement du potentiel de la recherche, et qu'au moins 5% de l'aide aux projets et aux programmes du secteur de la santé fournie par les organismes d'aide au développement soient consacrés à la recherche et au renforcement des capacités de recherche »[320]. Enfin, la déclaration rappelle, avec justesse, que « la recherche est une entreprise mondiale fondée sur la mise en commun des connaissances et de l'information à l'intérieur d'un cadre éthique approprié »[321] et que des mécanismes de transfert des connaissances sont nécessaires à l'appui des systèmes de santé publique. Un an plus tard, la nouvelle résolution de l'Assemblée mondiale[322] de la santé insistera de nouveau sur le besoin urgent de financer et de développer la recherche en fonction des besoins de santé des patients et notamment des plus pauvres. En recherchant toujours à concilier la propriété intellectuelle, elle invite une nouvelle fois à respecter la propriété intellectuelle et le droit des membres de l'OMC de promouvoir l'accès aux médicaments pour tous.

Après avoir analysé l'économie internationale du médicament, on comprend les difficultés de réconcilier les droits de propriété intellectuelle et le droit à la santé. En prenant pour axiome le caractère stimulant des brevets, l'OMS parvient difficilement à trouver les mesures justes pour assurer l'accès universel aux médicaments. Des mécanismes additionnels sont créés tels le Fonds mondial, le medicines patent pool ou encore le travail de la Fondation Gates, pour résoudre les inefficiences du marché du médicament. Toutefois, la commission créée sur les droits de propriété intellectuelle, l'innovation et la santé publique a rapidement analysé la situation avec justesse en 2006. Elle produit un rapport exhaustif et très complet sur l'accès aux médicaments, ses déterminants et une soixantaine de recommandations. Evidemment, elle ne se positionne pas sur la question politique mais étudie avec précision l'ensemble des perspectives, ainsi que

320. Ibid.

321. Ibid.

322. WHA59.24 - Public health, innovation, essential health research and intellectual property rights: towards a global strategy and plan of action, mai 2006.

celle d'un traité international. Mais finalement, la difficulté du problème de l'accès aux médicaments se résume depuis 2006 à la faiblesse de la mobilisation des Etats pour défendre et assurer l'accès universel aux médicaments.

Le rapport de la commission sur les Droits de Propriété Intellectuelle, l'Innovation et la Santé publique, une ouverture d'esprit restreinte des pays à haut revenu

Créée en 2004, la Commission sur les Droits de Propriété intellectuelle, l'Innovation et la Santé publique publie son rapport en 2006. La méthodologie et les termes de référence de l'analyse à effectuer furent diffusés en 2005[323]. L'objet de ce rapport est de « combler le fossé entre les possibilités offertes par la science et le manque de moyens actuels »[324]. Rappelant que la mondialisation doit être une force positive tout entière, l'interdépendance et l'indivisibilité des droits humains sont invoquées pour promouvoir le développement. La santé publique incombe en conséquence aux Etats qui doivent mettre en œuvre tous les moyens nécessaires à l'effectivité du droit à la santé pour tous. « L'accès aux traitements, aux moyens de prévention et aux outils diagnostics essentiels est un droit qui impose des obligations particulières aux Etats »[325]. Afin de les encourager à honorer les obligations énoncées dans le PIDESC, le Comité argue que ses observations générales sont considérées comme « des avis faisant autorité pour préciser la teneur des droits et des obligations énoncées dans le Pacte »[326]. Il est rappelé que l'accès aux médicaments dépend de quatre déterminants essentiels : « un processus rationnel de sélection des médicaments, des prix

---

323. Rapport du secrétariat de l'OMS sur les Droits de Propriété Intellectuelle, l'Innovation et la Santé publique, EB116/10, 28 avril 2005.

324. Commission sur les droits de propriété intellectuelle, l'innovation et la santé publique, *Santé publique, innovation et droits de propriété intellectuelle*, OMS, 2006, p. IX

325. Ibid. p.10.

326. Ibid.

raisonnables, un financement adéquat et durable, et des systèmes d'approvisionnement fiables (OMS 2004) »[327]. La disponibilité d'un médicament est caractérisée selon les capacités d'innovation qui varient en fonction de la maladie mais aussi du contexte. Une forme galénique contraignante peut par exemple rendre un produit inutilisable. L'acceptabilité d'un médicament est déterminée par sa qualité et la minimisation des effets secondaires. Les organismes de régulation (pré-qualification de l'OMS, agence de santé régionale ou nationale) jouent un rôle important pour garantir l'innocuité et l'efficacité d'un produit. Finalement, l'accessibilité et la disponibilité d'un médicament dépendent de « l'état des infrastructures de soins et des ressources fournies par les pouvoirs publics »[328]. L'accessibilité quant à elle résulte principalement de circonstances économiques. Les facteurs qui influent sur les prix (condition du marché, législation ADPIC, concurrence) et l'état des fonds disponibles pour payer les médicaments (familiaux, assurances privés ou assurances sociales) déterminent l'accessibilité économique.

En associant prévention, diagnostic et traitement avec promotion de la santé et d'éducation sanitaire, différents moyens peuvent être employés pour améliorer la santé publique. La commission note les éléments suivants :

- « différentes formes de prévention, ce qui peut impliquer un choix entre diverses interventions biomédicales ;
- changements de comportement ou élimination d'un vecteur de maladie ;
- guérison avec les moyens thérapeutiques existants ;
- amélioration de l'état de santé avec les moyens thérapeutiques existants ;
- recherche d'une meilleure méthode de prévention, de diagnostic ou de traitement »[329].

327. Ibid. p. 2.

328. Ibid. p. 8.

329. Ibid. p. 5.

Le rapport de la commission émet 60 recommandations et apporte des conclusions fermes sur les tentatives passées de conciliation du commerce et de la santé. Il est désormais manifeste que si la recherche est régulée selon les lois du marché, les études menées sur les maladies affectant les pays à faible et moyen revenu seront insuffisantes. L'insolvabilité des pays ou des patients n'attire pas les investissements. Aujourd'hui, pour développer un nouveau produit de santé, il faut qu'il puisse être vendu dans les pays à haut revenu afin de couvrir les frais de recherche et de développement. Il pourra alors être vendu dans les pays en voie de développement à des tarifs préférentiels selon la stratégie de prix différenciés. La pauvreté est donc un des facteurs de l'inaccessibilité des médicaments. Pour German Velasquez, ancien directeur à l'OMS pour la Santé publique, l'Innovation et la Propriété Intellectuelle, « il est maintenant reconnu que le régime actuel de protection des brevets, exigé par l'Accord sur les ADPIC, a un effet important sur le secteur pharmaceutique, et de façon plus concrète sur les prix des médicaments, pouvant entraver l'accès des populations pauvres des pays du sud aux médicaments »[330].

Pour Marc Dixneuf, « la solution élaborée, juridiquement cohérente, ne modifie en rien l'influence exercée par les pays riches sur les pays à faible et moyen revenu pour orienter les choix des politiques nationales de santé. Ce ne sont donc pas tant les objectifs affichés de l'OMC qui posent problème que l'utilisation de l'organisation par les pays les plus puissants. Les discussions qui ont précédé l'adoption de ces textes montrent que les pays développés ne considèrent pas la santé comme un enjeu prioritaire par rapport aux objectifs commerciaux »[331]. Il interprète les réticences des pays à haut revenu à l'utilisation des ADPIC au mieux comme une sous-estimation des risques globaux associés

330. German Velasquez, « Le droit à la santé et aux médicaments : le cas de la récente négociation sur la stratégie mondiale sur la santé publique, l'innovation et la propriété intellectuelle» , in : *Comment préserver l'accès aux médicaments, innovation pharmaceutique et santé publique*, Carlos M. Correa et German Velasquez, l'Harmattant, 2010, p. 145.

331. Marc Dixneuf, *La santé enjeux de gouvernance mondiale,* CERI, p. 29.

au VIH, mais surtout comme l'utilisation d'une institution internationale par et aux profits de grandes puissances. Il soulève alors le problème des rapports de force entre les Etats, symbolisé notamment par les négociations bilatérales et la définition des règles du commerce international. La levée de ces barrières est dès lors un enjeu pour rétablir le sens de l'intérêt commun et la protection de la santé publique. Jusqu'à aujourd'hui, les politiques néolibérales internationales ne sont pas remises en cause et dominent la réflexion sur les questions de santé publique et d'intérêt commun. Ainsi, les flexibilités ADPIC sont considérées comme les outils mis à la disposition des Etats pour favoriser le droit à la santé et réguler les marchés et le système des droits de propriété intellectuelle en faveur du droit à la santé.

Une stratégie et un plan d'action mondiaux pour la santé publique, l'innovation et la propriété intellectuelle

Mais la résolution WHA59.24 de 2006, qui exigeait l'élaboration d'une stratégie et d'un plan d'action mondiaux pour la santé publique, l'innovation et la propriété intellectuelle, démontrent, comme pour la déclaration de Doha, que si les pays à faible et moyen revenu sont unis pour mener les négociations, ils peuvent protéger leurs intérêts avec une efficacité sans faille. La stratégie et le plan d'action mondiaux pour la santé publique furent adoptés par la soixante et unième assemblée mondiale de la santé en mai 2008[332]. Des négociations furent menées pendant deux ans afin d'aboutir à l'adoption de cette stratégie. Les Etats-Unis, la Suisse, l'Australie, le Japon, la Corée du Sud, la Colombie, le Mexique et le Canada défendaient « l'idée que le problème ne résidait pas dans les droits de propriétés intellectuelles et les brevets mais plutôt dans le manque de financement, dans les infrastructures sanitaires défectueuses et dans le manque de volonté politique »[333]. Au contraire, la plupart des pays à faible et moyen revenu soutenaient que le système de propriété intellectuelle mis

332. WHA61.21 - Global strategy and plan of action on public health, innovation and intellectual property, may 2008.

333. German Velasquez, *op. cité*, 2010, p. 155.

en place par l'accord des ADPIC était un facteur négatif pour l'accès aux produits de santé et pour l'innovation dans les pays à faible et moyen revenu. L'Union européenne et particulièrement la délégation de Norvège ont joué un rôle majeur dans la médiation. German Velasquez y a assisté et raconte le déroulement des négociations soulignant la forte cohésion du groupe africain « qui, comme lors du débat de Doha en 2001, n'a parlé que d'une seule voix »[334]. Les ONG et plus de quatre-vingt représentants de l'industrie pharmaceutique ont assisté aux négociations dans les couloirs des assemblées.

La résolution finalement adoptée est en grande partie fondée sur le texte de Rio issu d'une consultation régionale qui s'est déroulée au Brésil en 2007. La stratégie reconnait que les initiatives fournies par la communauté internationale des Etats et de la société civile dont les fonds philanthropiques, ne sont pas suffisantes « pour résoudre les problèmes qui se posent pour atteindre l'objectif de l'accès aux produits sanitaires et aux dispositifs médicaux nécessaires et de l'innovation »[335]. Elle propose d'élaborer des solutions fondées sur les besoins sanitaires et d'envisager une réflexion basée sur la séparation entre les coûts de la recherche et du développement, et les coûts de production. Reconnaissant toujours le caractère incitatif des droits de propriété intellectuelle, elle déclare néanmoins qu'ils sont insuffisants lorsque les marchés sont restreints ou incertains. Le prix des médicaments est considéré comme une des barrières d'accès. Les pays peuvent alors utiliser les flexibilités mais il est concédé que les pays à faible et moyen revenu « peuvent rencontrer des obstacles dans l'utilisation de ces flexibilités »[336]. Elle reprend l'ensemble des questionnements et problèmes rencontrés depuis la ratification de l'accord des ADPIC :

---

334. Ibid. p. 149.

335. WHA61.21 - Global strategy and plan of action on public health, innovation and intellectual property, may 2008.

336. Ibid.

• cerner les lacunes de la RD pour les PED,

• promouvoir les programmes nationaux de recherche en santé et en médecine traditionnelle,

• promouvoir un élargissement de l'accès au savoir et à la technologie permettant de répondre aux besoins de santé publique des PED,

• renforcer les capacités d'innovation en investissement notamment dans les ressources humaines et les bases de connaissances, dans l'enseignement et la formation,

• intensifier et améliorer le transfert de technologie utile à l'innovation,

• contribuer à une plus grande collaboration et à une meilleure coordination du transfert de technologie pour les produits sanitaires,

• fournir un appui technique au PED pour qu'ils soient en cohérence avec les flexibilités ADPIC,

• encourager des investissements accrus dans l'infrastructure de prestation des soins de santé et le financement des produits sanitaires afin de renforcer le système de santé,

• instaurer et renforcer des mesures pour améliorer l'examen éthique et règlementer la qualité, la sécurité et l'efficacité des produits sanitaires et des dispositifs médicaux,

• s'efforcer d'obtenir un financement suffisant et durable pour la recherche-développement et d'améliorer la coordination de son utilisation, s'il y a lieu et dans la mesure du possible, afin de répondre aux besoins sanitaires des pays en développement,

• faciliter l'utilisation maximale des financements existants, et les compléter le cas échéant, y compris ceux qui passent par des partenariats public-privé et des partenariats pour le développement de produits, afin de mettre au point et de délivrer des produits de santé et des dispositifs médicaux sûrs, efficaces et abordables,

• instaurer des systèmes de suivi de la mise en oeuvre et d'appréciation des résultats de la présente stratégie.

Alors que la question d'un traité international qui consacrerait l'accès aux médicaments comme un droit humain, proposé en 2005 par la société civile[337], était le principal point de désaccord entre les négociateurs, le point 30.2.3.C encourage la réflexion sur un traité international sur la recherche et développement. L'adoption de la stratégie en 2008 est suivie un an et demi plus tard par l'exclusion de l'OMS du processus de négociation de la régulation de la recherche et développement pharmaceutique. En 2011, un cable wikileaks a dévoilé une réunion entre des diplomates du commerce extérieur étasunien, Chris Wilson (USTR) et des départements anglais de la santé, Will Niblett, et de la propriété intellectuelle, Andrew Jenner. Ils s'accordent sur le fait que l'OMS « should not assume any role in determining international agreements on intellectual property. In particular, the WHO should have no decision making role regarding patents on medicines »[338]. En utilisant des négociations restreintes, un groupe de neuf pays a finalement réussi à exclure l'OMS[339] ce qui provoqua évidemment une forte réaction de la part de la société civile[340]. En 2010, German Velasquez se questionne donc sur le positionnement et le leadership de l'OMS. « L'OMS a-t-elle ac-

337. Texte soumis à la Commission sur les droits de propriété intellectuelle, l'innovation et la santé publique le 24 février 2005 consulté sur http://bit.ly/VJC0mO le 24 aout 2014 & CP Tech, *Proposal for Treaty on Medical Research and Development*, 2005, consulté sur http://bit.ly/1txJLbw le 24 août 2014.

338. « L'OMS ne devrait avoir aucun rôle dans l'établissement des accords internationaux relatifs à la propriété intellectuelle. En particulier, l'OMS ne devrait pas prendre part aux processus de décision qui concernent les brevets sur les médicaments », Cable Wikileaks, *UK agrees with us approach to upcoming who intergovernmental working group on public health, innovation, and IP*, Passed to the Telegraph by WikiLeaks, 04 Feb 2011. Ref ID: 07LONDON4102

339. German Velasquez, *op. cité*, 2010, p. 159.

340. Lettre ouverte à tous les membres de l'OMS, en date du 18 mai 2009, de Essential Action, Health Action International, Health Gap, Knowledge Ecology International, Médecins sans frontières, Oxfam international et Third World Network. cf. German Velasquez, *Le droit à la santé et aux médicaments : le cas de la récente négociation sur la stratégie mondiale sur la santé publique, l'innovation et la propriété intellectuelle*, South Center, 2011, p. 14.

tuellement une vision et de la lucidité concernant la direction que doit prendre la stratégie, et a-t-elle suffisamment d'indépendance et de courage pour accompagner les efforts des pays ? »[341]. Si le leadership de l'OMS est fortement remis en cause ces dernières années, le rapporteur spécial sur le droit à la santé peut être un interlocuteur de qualité pour la société civile et les pays à faible et moyen revenu. Il prône une approche totalement différente fondée sur le droit international des droits de l'Homme pour garantir l'effectivité du droit à la santé intégré dans l'ensemble des politiques publiques.

La mobilisation du rapporteur spécial au droit de toute personne de jouir du meilleur état de santé possible, un espoir pour le respect du droit à la santé

En 2002, le conseil des droits de l'Homme établit une résolution pour la création d'un poste de rapporteur spécial sur le droit qu'a toute personne de jouir du meilleur état de santé possible[342]. Paul Hunt (2002-2008) puis Anand Grover furent nommés et chargés d'établir des rapports annuels et concentrés sur certains pays. En 2004, ce même conseil émet une résolution[343] qui « affirme l'importance d'intégrer le droit à la santé dans les proces-

---

341. German Velasquez, *op. cité*, 2010, p. 163.

342. Résolution 2002/31 et 2004/27 du Conseil des droits de l'Homme. « A special rapporteur whose mandate focus on the right of everyone to the enjoyment of the highest attainable standard of physical and mental health, as reflected in article 25, paragraph 1, of the Universal Declaration of Human Rights, article 12 of the International Covenant on Economic, Social and Cultural Rights, article 24 of the Convention on the Rights of the Child and article 12 of the Convention on the Elimination of All Forms of Discrimination against Women, as well as on the right to non-discrimination as reflected in article 5 (e) (iv) of the International Convention on the Elimination of All Forms of Racial Discrimination ».

343. Résolution 2004/27 - *Le droit qu'a toute personne de jouir du meilleur état de santé physique et mentale possible*, 48e session du Conseil des droits de l'Homme, juillet 2004.

sus de construction politique »[344]. Le rapport préliminaire de 2003 propose une réflexion très intéressante. Posant comme principe fondamental que « la législation internationale des droits de l'Homme, y compris en ce qui concerne le droit à la santé, devrait être appliquée de manière systématique et cohérente »[345], le rapporteur spécial se questionne sur le rôle des droits fondamentaux en général (prestations de soins appropriées et en temps opportun, droit de contrôler sa propre santé et consentement obligatoire pour les traitements et les expériences médicales) et spécifiques (droit à la santé sexuelle et reproductive, droit à un environnement professionnel et naturel sain, droit à la prophylaxie, au traitement des maladies et à la lutte contre les maladies, droit d'accès aux médicaments essentiels, droit d'accès à l'eau potable) dans le processus d'élaboration des politiques.

Pour lui, les jurisprudences établies par les différentes cours de justice et les accords internationaux sur le droit à la santé confirment d'une part la justiciabilité du droit à la santé, et peuvent soutenir d'autre part les pays à faible et moyen revenu dans leur négociation internationale avec les pays à haut revenu. Les Etats ont d'importantes responsabilités pour garantir le respect du droit à la santé : les obligations de respecter, de protéger et de mettre en oeuvre les droits fondamentaux[346]. Néanmoins, le droit à la santé reste l'objet d'une réalisation progressive. Le rapporteur spécial recommande alors l'utilisation d'indicateurs et de critères nationaux pour évaluer l'implémentation du droit à la santé. « Dans cette optique, un État choisit des critères appropriés du droit à la santé qui l'aideront à suivre les différentes composantes de ce droit. Chaque indicateur nécessitera une dé-

344. « The right to health : an interview with Professor Paul Hunt », *The Essex Human Right Review*, Vol. 2 N.1, p. 58.

345. Rapport du Rapporteur spécial Paul Hunt, Le droit de toute personne de jouir du meilleur état de santé physique et mentale susceptible d'être atteint, 59e session de la commission des droits de l'Homme, E/CN/4/2003/58, 2003, p. 5.

346. Résolution A/RES/S-26/2 - *Declaration of Commitment on HIV/AIDS*, Global Crisis-Global Action, 36e session de l'Assemblée Générale des Nations Unies, 2001.

sagrégation en fonction des motifs de discrimination prohibés. L'État définit ensuite, au niveau national, des cibles – ou des critères – appropriés pour chaque indicateur désagrégé. Il peut utiliser ces indicateurs et critères nationaux pour suivre ses progrès dans le temps, ce qui lui permet de savoir quant il faut procéder à des ajustements de la politique suivie »[347]. Paul Hunt définit trois catégories d'indicateurs : structurels (structures et mécanismes clefs mis en place en fonction d'une question : quels sont les médicaments offerts), de méthode (mesure de l'effort accompli : le pourcentage de personnes vivant avec le VIH et bénéficiant d'antirétroviraux) et de résultat (mesure des résultats des politiques sanitaires : prévalence du VIH chez les PUDVI). La réalisation progressive pourrait vider le concept de droits fondamentaux de sa substance mais l'approche des droits de l'Homme exige qu'un Etat prenne toutes les mesures nécessaires aussi rapidement et efficacement que possible, et que les niveaux minimaux essentiels du droit à la santé soient respectés sans discrimination[348].

En 2006, des directives furent produites à l'intention des industries pharmaceutiques pour établir leurs responsabilités dans l'accès aux médicaments[349]. L'adoption de politiques des droits humains dans les compagnies pharmaceutiques, est promue afin qu'elles intègrent la santé comme un droit humain dans leur processus de décisions. La transparence, les politiques anticorruption et de franchise sur les activités de lobby, les licences volontaires pour les pays à faible et moyen revenu pour tous les médicaments, la stratégie des prix différenciés, les programmes de donation, les partenariats public privé et la contribution à la recherche sur les maladies négligées sont aussi vivement encouragés à travers ce texte.

---

347. Rapport du Rapporteur spécial Paul Hunt, *op. cité*, E/CN/4/2003/58, 2003, p. 10.

348. Ibid. p. 14.

349. Special Rapporteur's report on access to medicines, The right of everyone to the enjoyment of the highest attainable standard of physical and mental health, 61st General Assembly session, A/61/338, september 2006.

En 2013, le rapporteur spécial nommé depuis 2008, Anand Grover, produit un rapport consacré à l'accès aux médicaments par une approche du droit de la santé. Les conclusions résument bien les efforts des Etats à fournir pour assurer l'accès aux médicaments. Les recommandations appellent les Etats à dépasser la perspective du marché pour adopter le paradigme du droit à la santé dans le processus de décision politique pour promouvoir l'accès aux médicaments. L'accès à des médicaments et à des soins abordables et de qualité, à la prévention, et le contrôle des maladies sont reconnus comme les éléments fondamentaux du droit à la santé. Les Etats doivent mettre en place des politiques nationales de santé basées sur les principes de non-discrimination, de transparence, de responsabilité, et de participation des parties prenantes. D'après lui, l'accessibilité des médicaments doit être assurée sur le long terme et la réduction des prix doit être sécurisée grâce la compétition économique, donc par l'utilisation des licences obligatoires, plutôt que par la stratégie des prix différenciés. Les gouvernements ont alors un rôle important pour réguler le marché grâce aux flexibilités ADPIC. Ils ont aussi la responsabilité de mettre en place des systèmes d'approvisionnement et de distribution efficients et transparents dans le respect d'une utilisation rationnelle et appropriée des médicaments de qualité, sans risque et efficace.

ANALYSE DES DÉTERMINANTS THÉORIQUES DE L'ACCÈS AUX MÉDICAMENTS

L'analyse de la stratégie de l'industrie pharmaceutique qui est soutenue par les Etats développés, démontre que le modèle politico économique soutenu par l'Accord des ADPIC est en échec pour assurer l'accès aux médicaments. Les différents déterminants de l'accès aux produits de santé ont été mis en avant au fur et à mesure du dévoilement de la complexité du champ. La rhétorique du brevet comme facteur d'innovation existe depuis le XVe siècle et n'a jamais été actualisée avec l'évolution du modèle économique de l'industrie pharmaceutique. Pourtant, en un siècle ce modèle a évolué de manière importante. La recherche sans éthique caractérise la révolution thérapeutique, une folie qui mena les Etats à contrôler cette recherche au nom justement du droit à la santé, dans le respect du consentement de chaque personne à recevoir les soins qu'elle désire, aussi expérimentaux soient-ils. La mise en place d'une standardisation de la recherche a donné naissance aux essais cliniques qui ont entrainé une explosion des coûts de recherche et de développement. Dans le même temps, la capitalisation des industries ne cessait de croître au fur et à mesure des dérèglementations favorisant leur progression. Les multinationales du médicament créaient alors des laboratoires géants régis par le manque de créativité dû à la bureaucratisation et la compétitivité interne aux équipes scientifiques.

Le caractère expérimental et aléatoire de la recherche pharmaceutique encadré dans une législation stricte acheva la fin de la recherche folle et tua ainsi la poule aux oeufs d'or. Dans ce contexte, les brevets ne servent dès lors qu'à conserver ce que l'on a acquis dans le passé. Un conservatisme exacerbé par une compétitivité économique internationale dans laquelle les pays à faible et moyen revenu n'auraient pas dû jouer, le temps de développer leurs propres industries qui répondraient à leurs propres besoins. Si les pays à haut revenu cherchent de nouveaux à renforcer les libertés du commerce international et les droits de propriété intellectuelle par le biais d'accords de libre échange, les pays à faible et moyen revenu semblent de plus en plus vouloir concurrencer les puissances occidentales. La résistance des personnes vivants ou concernées par le VIH, des Etats comme le Brésil, l'Inde et la Thaïlande ont permis de transformer l'histoire de l'accès aux médicaments au nom du droit à la vie. Les pays à faible et moyen revenu peuvent défendre la santé publique lorsqu'ils sont unis et font face à la cupidité des pays à haut revenu. Et si le leadership de l'OMS est grandement remis en question, la société civile et les pays à faible et moyen revenu peuvent compter sur le rapporteur spécial du droit à la santé pour défendre cette dernière à travers le référentiel des droits humains, plutôt que les profits financiers à travers le référentiel néolibéral. Après avoir établi les différents acteurs du champ international de l'accès aux médicaments, leurs stratégies et leurs évolutions, il convient désormais d'étudier l'histoire de la lutte contre le sida et l'hépatite C pour comprendre comment dans la pratique l'accès aux traitements a évolué.

L'analyse des différents documents produits par l'OMS nous permet de conclure que l'accès universel aux produits de santé est régi par plusieurs déterminants :

- Accessibilité médicale : déterminée par l'innovation, la recherche et le développement pharmaceutiques et l'environnement économique et politique.
- Accessibilité économique : déterminée par le prix (condition du marché, législation ADPIC, concurrence) et l'état des fonds disponibles pour payer les médicaments (familiaux, assurances privés ou assurances sociales).
- Acceptabilité : déterminée par la qualité, l'innocuité et l'efficacité du produit et la minimisation des effets secondaires. Les agences nationales de santé et de régulation du médicament ainsi que la procédure préqualification OMS sont donc essentielles.

• Disponibilité : déterminée par les infrastructures sanitaires (hôpital, clinique, centre de soins, pharmacie et ressources humaines) et les structures politiques de santé (politique nationale de santé, politique pharmaceutique et liste nationale des médicaments essentiels).

Dans la troisième partie, nous reviendrons sur la naissance de la réduction des risques et l'accès aux traitements dans le cadre du VIH (VIII). L'histoire du sida a forgé une communauté militante expérimentée et désormais experte sur la question de l'accès aux médicaments et de la propriété intellectuelle. Elle s'inspire alors de la lutte contre le sida pour combattre le VHC (IX). Après avoir analysé ces deux situations, nous étudierons les difficultés relatives à la période Post-ADPIC (X)

DU VIH AU VHC :
ÉVOLUTION DE L'ACCÈS
AUX TRAITEMENTS

« It's always useful to tell history the way it actually happened...It WAS generic competition... the history of HIV shows that is what drives down prices, and that is what increases availability. But it's not just prices, it's where you can get the drugs out to, it's distribution, it's everything... but for us the history of the HIV movement is precisely that: generics »[350].

Kajal Bhardwaj

350. « Il est toujours utile de raconter l'histoire comme elle s'est déroulée ... C'était une compétition générique ... L'histoire du VIH montre qu'elle a fait baisser les prix et augmenter l'accessibilité. Mais ce n'est pas juste les prix, c'est où vous pouvez avoir les médicaments, c'est la distribution, c'est tout cela ... Mais pour nous, l'histoire de la lutte contre le VIH est précisément cela : les médicaments génériques », Hep Coalition, *Pills cost pennies, greed costs lives, 1st hepatitis C virus world community advisory board report*, Treatment Action Group, 2014, p. 12..

Théoriquement, nous venons de l'exposer, le cadre posé par le référentiel néolibéral ne permet pas d'assurer un accès universel aux médicaments essentiels. Il convient alors d'observer l'histoire des luttes contre le sida et l'hépatite C pour comprendre en pratique le fonctionnement des différents déterminants d'accès aux traitements. La lutte contre le VIH se caractérise par plusieurs circonstances. Dans un premier temps, l'absence de traitement a engendré de nouvelles pratiques de soins mais aussi de travail collectif avec l'avènement de la réduction des risques. Dans un deuxième temps, l'inaccessibilité des traitements excessivement coûteux a eu pour conséquence une lutte pour l'avènement d'une production de médicament générique. La période de transition autorisée pour les pays à faible et moyen revenu a permis à certains pays de développer une industrie pharmaceutique productrice de médicaments génériques. L'Inde fournit ainsi jusqu'à 80 % des antirétroviraux génériques dans le monde et participa grandement à la lutte contre le sida. Cette production associée à la mobilisation internationale a permis de couvrir jusqu'ici un tiers des besoins thérapeutiques dans le monde (VII). Il est alors question de savoir jusqu'où peut-on s'inspirer de la lutte contre le VIH pour combattre l'épidémie d'hépatite C (VIII), afin de comprendre le contexte et les difficultés de la période post-ADPIC (IX).

Dans les différentes situations, il convient de s'interroger sur les différences entre ces deux épidémies. Cela inclut les aspects épidémiologiques basiques (prévalences, populations clés et mortalités), les traitements existants, les conditions d'accès aux traitements et les moyens pour prévenir l'aggravation des épidémies. Comme le rappelle la Commission sur les droits de propriété intellectuelle, l'innovation et la santé publique, « le traitement antirétroviral permettra à lui seul de sauver de très nombreuses vies au cours des dix prochaines années mais à long terme une riposte associant traitement et prévention sera la stratégie la plus efficace »[351].

351. Rapport de la commission sur les droits de propriété intellectuelle, l'innovation et la santé publique, *Santé publique, innovation et droits de propriété intellectuelle*, 2006, p. 15.

CHAPITRE VII
LE VIRUS DE L'IMMUNODÉFICIENCE HUMAIN (VIH)

« I am sad to say, the cruel reality is that in every region of the world stigma and discrimination continue to be the main barriers to effective access to health. We need again to shout out loud that we will not stand idly by when governments, in violation of all human right principles, are enforcing monstrous laws that only marginalize populations that are already the most vulnerable in the society »[352].

Françoise Barre-Sinoussi

La découverte d'un virus

Le 5 juin 1981, le Center for Disease Control (CDC), organe de contrôle épidémiologique américain, annonce officiellement l'existence d'une nouvelle maladie par « la description de cinq cas graves de pneumonie observés entre octobre 1980 et mai 1981 »[353]. Comme le raconte Grmek[354], cette maladie inconnue jusqu'alors, est associée à la sexualité, au sang et à la drogue. Les cinq malades référencés par le CDC étaient tous des hommes jeunes de 29 à 36 ans qui avaient des pratiques homosexuelles. Une seule personne était usagère de drogues par voie intraveineuse. L'état des lymphocytes fût testé chez trois malades et dé-

352. « Je suis triste de le dire mais la cruelle réalité est que dans chaque région du monde, les stigmates et les discriminations continuent d'être la principale barrière de l'accès effectif à la santé. Nous avons besoin de dire haut et fort que nous ne resterons pas sans rien faire quand les gouvernements, en violant les principes des droits humains, renforcent des lois monstrueuses qui marginalisent des populations qui sont les plus vulnérables dans la société », Françoise Barre-Sinoussi, discours d'ouverture de la conférence AIDS 2014, le 20 juillet 2014

353. Mirko D. Grmek, *Histoire du sida*, Médecine et sociétés Payot, 1990, p. 25

354. Ibid, pp. 23-27

montrait une forte diminution. La première personne mourut en mars 1981. Au même moment à New York, huit cas de sarcomes de Kaposi, grave maladie de la peau, étaient diagnostiqués, puis cent huit en août, dont 94 % des malades étaient homosexuels ou bisexuels. Ces premiers chiffres annonçaient la naissance de la pandémie du XXIème siècle. Le terme de VIH/sida n'était pas encore utilisé mais on parlait de cancer gay ou encore des 4H, les quatre facteurs de risques d'infection : homosexuel, héroïnomane, d'origine haïtienne ou hémophile. En 1985, 1,5 millions de personnes sont séropositives au VIH[355]. L'épidémie s'étend très rapidement et atteint 8 millions de personnes en 1990[356], puis 40 millions en 2001[357].

En 1983, une équipe de l'Institut Pasteur publie la première description du virus responsable du sida alors appelé Lymphadenopathy Associated Virus. Il faudra attendre 1987 pour que les premiers antirétroviraux soient mis au point. Il est d'ailleurs intéressant de noter que la zidovudine, plus connue sous le nom d'AZT, qui est le premier médicament antirétroviral utilisé pour le traitement du VIH, a été mis au point en 1964 dans le cadre d'un projet de recherche de lutte contre le cancer par le National Institutes of Health, fonds de recherche publique étatsunien[358]. Les trithérapies que nous connaissons aujourd'hui ne sont introduites qu'à partir de 1996. Leur efficacité pour augmenter l'espérance de vie des patients est désormais prouvée. On considère l'année 1996 comme le tournant thérapeutique qui changea radicalement le visage mortifère du VIH/sida. Depuis 2006, les nouveaux traitements font preuve d'une excellente efficacité et d'une toxicité bien moins importante.

355. Sidaction, chronologie d'une pandémie : 30 ans de lutte, consulté le 12 juillet 2014 sur http://chronovih.sidaction.org/#6

356. Ibid.

357. ONUSIDA, OMS, *Le point sur l'épidémie de SIDA*, 2001, p. 2.

358. Les Echos, *Comment le sida a sorti l'AZT de l'oubli*, 19/07/2010, consulté le 13 juillet 2014 sur http://bit.ly/1tR0qpz

Pendant une dizaine d'années, l'absence de traitements disponibles et efficaces force les personnels soignants à repenser la relation de soins. L'épidémie s'étend aux personnes usagères de drogues et affecte des populations marginalisées. Afin de prévenir l'accroissement de l'épidémie, la pratique médicale se recentre sur les savoirs du patient. D'une approche verticale, la médecine doit travailler en horizontale et apprendre du patient comment soigner. « Travailler avec et non pas pour la personne »[359] comme le dit Jean-Pierre Lhomme. Sans aucun moyen médicamenteux pour lutter contre le VIH/sida, le personnel soignant doit apprendre des pratiques sexuelles, de l'usage de drogues, de la réalité des personnes afin de concilier santé personnelle et santé publique. Cette étape marque la naissance de la Réduction des Risques dont Médecins du Monde est devenu un acteur international incontournable.

> « Elle [la réduction des risques] a réussi son tour de force non seulement contre le virus, mais aussi contre ce cadre de référence dogmatique lui-même, qui tombe inexorablement en désuétude. En effet, l'attention primordiale qu'elle porte sur les pratiques et les compétences sociales, les manières de consommer des drogues, de vivre sa sexualité, le sens qui leur est accordé dans des contextes de vie multiples, les réponses collectives adaptées pas à pas, les stratégies d'ajustement et d'aide à la participation sociale, détournent le sens politique des limites et des interdits au-delà d'une simple nomenclature manichéenne et géostratégique de produits, ou d'un tableau clinique des sexualités. Les régulations sont ailleurs, locales. Les mises à jour s'imposent, globales. Pour écarter la criminalisation et la stigmatisation des personnes aux pratiques

---

359. Jean Pierre Lhomme et Paul Bolo, « La réduction des risques et l'évolution du modèle patient-médecin, une approche centrée sur la personne », in : *Histoire et principes de la réduction des risques, entre santé publique et changement social*, Médecins du Monde, 2013, p. 54

ou aux modes de vie jugés déviants, les fondamentaux de la réduction des risques supposent en creux une autre pensée »[360].

La réduction des risques

La Réduction des Risques a été, en l'absence de traitement disponible puis accessible, un des principaux instruments de la lutte contre le sida. Par sa philosophie, elle sait libérer la parole des populations concernées et comprendre, sans jugement, les modes de vie et les pratiques à risques. Elle est issue d'un rassemblement de militants issus des communautés concernées, de personnels de santé et de chercheurs qui se sont retrouvés face à une réalité pour laquelle ils n'avaient pas d'outil pour comprendre et l'accompagner. Cette carence a forgé une mobilisation internationale pleine de force et d'ambitions qui a pénétré les débats internationaux et provoqué des changements importants. « L'activisme thérapeutique », pour reprendre l'expression de Gaelle Krikorian[361], a engendré l'insertion des malades dans le processus de fabrication des connaissances. Autrement dit, l'irruption du savoir néophyte dans l'épistémè bouleverse les conditions de production de la connaissance. Les autorités politiques et savantes, ne sachant pas comment lutter contre le sida, doivent se plier à un principe de réalité et intégrer les associations de malades[362]. « Ce sont (…) des organisations de proposition, bien informées, qui ont acquis une capacité d'expertise dans la surveillance des politiques de santé des pays riches et des traitements développés par l'industrie »[363], remarque Marc Dixneuf. Ce point est fondamental dans la lutte contre le sida car il bouscule

---

360. Frédéric Menneret, « La réduction des risques une pensée en Archipel », in : *Histoire et principes de la réduction des risques, entre santé publique et changement social*, Médecins du Monde, 2013, p. 8

361. Allocution de Gaelle Krikorian le 25 avril 2014 lors du 25ème anniversaire du Conseil National du Sida.

362. Voir à ce propos l'histoire du Conseil National du Sida en France.

363. Marc Dixneuf, *La santé enjeux de gouvernance mondiale,* Les Etudes du CERI, n°99, décembre 2003, p.8.

le monopole de production de vérités et les rapports de pouvoirs associés. D'un renversement de la relation soigné/soignant, la réduction des risques transforme la relation sachant/non sachant et intègre de nouveaux types de relations par les différences des acteurs qui composent la lutte contre le sida. De ce point de vue, il est rare, voire unique, de pouvoir observer une telle composition de la diversité (malades, soignants, chercheurs et politiques) au profit d'un mouvement social. Les échanges individuels ont façonné une nouvelle pensée, une nouvelle manière de collaborer et de décider, qui a finalement réussi à être systématisée. Comme le remarquait Krikorian[364], le désenclavement de la science et la politisation du sida, non pas au sens de politique politicienne mais bien sous un rapport premier de gestion des intérêts intégrée dans une relation savoir/pouvoir, est une des caractéristiques majeures de la lutte contre le sida. Cet aspect cognitif mériterait une étude à part entière pour comprendre comment une population stigmatisée et menacée de mort a pu maîtriser les connaissances nécessaires et renverser un rapport savoir/pouvoir horizontal si profondément ancré dans nos sociétés.

La première action menée par Médecins du Monde dans le cadre de la lutte contre le sida est l'ouverture d'un centre anonyme et volontaire de dépistage du VIH. Inclue dans un programme de réduction des risques, elle s'accompagne de distribution illégale de seringues stériles. Depuis 2009, les Nations Unies recommandent 9 axes d'intervention[365] dans le champ de la prévention et du traitement du VIH[366]. Médecins du Monde enrichit

364. Allocution de Gaelle Krikorian le 25 avril 2014 lors du 25ème anniversaire du Conseil National du Sida.

365. Information, éducation & communication ciblées, dépistage et conseils VIH/sida & hépatites virales, programmes d'échange de seringues & distribution de préservatifs, prévention, diagnostic & traitement des infections sexuellement transmissibles, des hépatites virales & de la tuberculose, traitements ARV & prise en charge du VIH/sida, thérapie de substitution aux opiacés, et prévention & gestion des overdoses.

366. OMS, ONUDC & Onusida, *Guide technique. Destiné aux pays pour la définition des objectifs nationaux pour l'accès universel à la prévention, au traitement aux soins et au soutien en matière de VIH/sida*, 2009, 48 pages.

ces recommandations en intervenant aussi pour la promotion des droits humains, la lutte contre la criminalisation et la prévention des violences, la santé mentale et la réintégration socio économique. La réduction des risques est innovante et s'inscrit dans une dynamique de transformation sociale ; un changement dans le paradigme de soin pour défendre un modèle coopératif où les populations ont le droit de décider pour elles-mêmes ; un changement politique pour asseoir une réforme des politiques internationales et nationales de criminalisation, de répression ou de contrôle de l'usage des drogues. Comme le rapporte Fabrice Olivet :

> « Soyons honnête : sans la menace du sida, jamais la réduction des risques n'aurait obtenu son statut de politique nationale. C'est parce que les usagers de drogues ont représenté un danger objectif pour l'ensemble de la société que les pouvoirs publics ont accepté de lever un petit coin de voile sur l'inefficacité des mesures héritées des années 70. Mais une vérité reste toujours considérée comme subversive ; la guerre à la drogue est non seulement inefficace dans la lutte contre la maladie, mais elle contribue pour une grande part à la plupart des maux associés traditionnellement à l'usage des stupéfiants »[367].

En effet la guerre contre l'usage de drogues n'a pas changé depuis la mise en place d'une approche répressive dans les années 1970. Mais plusieurs rapports internationaux de la Commission Mondiale pour la Politique des Drogues[368] ont récemment démontré son inefficacité et pourraient contribuer à un changement de perspective. Si la réduction des risques n'a pas jusqu'ici réussi

---

367. Fabrice Olivet, « L'auto support des usagers de drogues, une histoire de tox », in : *Histoire & principes de la réduction des risques, entre santé publique & changement social*, Médecins du Monde, 2013, p. 48.

368. The Vienna Declaration (2010), The war on drugs, report of the global commisssion on drug policy (2011), The war on drugs and HIV/AIDS, how the criminalization of drugs use fuels the global pandemic (2012), The negative impact of the war on drugs on public health : the hidden hepatitis C epidemic (2013).

à changer l'approche répressive sur l'usage des drogues, elle a néanmoins prouvé que sa philosophie et son action permettent de lutter contre l'extension de l'épidémie du VIH/sida. En 2012, on dénombre en France moins de 1% des nouvelles infections chez les personnes usagères de drogues[369] et une baisse de 38 % des nouvelles infections générales depuis 2001[370].

La lutte pour l'accès aux traitements antirétroviraux

Avec l'arrivée des trithérapies en 1996, le terrain de la lutte contre le sida va s'enrichir et la lutte pour l'accès aux traitements va être intégrée à la réduction des risques. Si le combat dans les pays à haut revenu est facilité par les systèmes de sécurité sociale, c'est au Sud qu'il va désormais se dérouler. « 95 % des malades du VIH/sida vivent dans les pays du Sud et 70 % sur le seul continent africain, où la crise n'a cessé de s'amplifier tout au long des années 1990 »[371]. On parle alors de fracture, voire d'apartheid sanitaire, organisé ou amplifié par la transformation du médicament en tant qu'affaire privée[372]. La situation ne concerne pas uniquement le VIH/sida mais aussi l'ensemble des maladies infectieuses, tropicales et non transmissibles. A la fin des années 1990, un nombre important de pays à faible et moyen revenu et d'organisations non gouvernementales dénoncent la marchandisation de la santé organisée par les nouveaux accords sur le commerce qui ont gravement affecté le droit à la santé.

Si aux débuts des années sida, on considérait que cette maladie concernait principalement les populations homosexuelles et usagères de drogues, les pouvoirs publics se sont rapidement rendus à l'évidence que malgré la marginalisation de ces populations, elles étaient toujours en contact avec la population générale. Les premiers déterminants sociaux culturels attachés au

---

369. Sidaction, chronologie d'une pandémie : 30 ans de lutte, consulté le 12 juillet 2014 sur http://chronovih.sidaction.org/#9

370. ONUSIDA, *The Gap Report*, 2014, p. 4.

371. Bréger, *op. cite*, 2011, p. 77.

372. Ibid, p. 164.

VIH/sida et aux populations infectées prennent alors toute leur importance, et même s'ils persistent toujours, le danger que représente le VIH/sida pour la population générale va obliger les autorités à se mobiliser. Dans les pays à haut revenu, il s'agit dès lors de généraliser l'accès aux nouveaux traitements antirétroviraux en assurant une production suffisante dont l'aspect financier est pris en charge par les systèmes de sécurité sociale et d'assurance maladie. Dans les pays à faible et moyen revenu, l'enjeu est similaire mais relève d'une toute autre ampleur. Ne bénéficiant pas de couverture sociale, la majorité des populations doivent assurer personnellement les coûts liés aux traitements. Au début des années 2000, le prix à payer pour bénéficier d'une trithérapie est d'environ 10 000 $US[373] par an. Les médicaments sont alors disponibles mais les prix les rendent inaccessibles.

« En 2000, on estimait que seuls 5 % des patients dans les PED avaient accès aux traitements antirétroviraux (soit 230 000 personnes environ). La moitié de cette population vivait au Brésil. Quant à l'Afrique subsaharienne, région la plus touchée par l'épidémie, elle polarisait 70 % des 40 millions de personnes contaminées et seulement 50 000 malades pouvaient se soigner, soit moins de 2 % des cas »[374]. En 1997 avant l'application des ADPIC, des laboratoires gouvernementaux ou privés ont commencé à produire des versions génériques d'antirétroviraux. Comme le rappelle Gaelle Krikorian, « permettant de sortir d'un contexte de monopole, l'apparition de ces génériques a eu des conséquences extrêmement importantes sur le prix des médicaments. Début 2000, la compagnie indienne Cipla commercialisait une trithérapie générique à 800 $US par an et par patient. Ceci représentait une réduction de plus de 90 % par rapport aux prix des multinationales »[375]. Le délai d'application a permis aux gouvernements engagés dans la lutte contre le VIH et notamment aux pays producteurs de copies de médicaments comme l'Inde,

373. Rohit Malpani, *Improving access today, Making existing medicines available*, MSF Access Campaign, 2012.

374. Bréger, *op. cité*, p. 48.

375. Gaelle Krikorian, *L'accès aux génériques, enjeux actuels et propriété intellectuelle*, AIDES, 2005, p. 2.

d'assurer une offre mondiale couvrant les besoins en médicament à des prix accessibles atteignant moins de 100 dollars par personne et par an.

S'il y a donc eu un transfert de compétences envers les firmes indiennes, il a pu s'effectuer avant l'application des ADPIC par la copie légale de médicaments. D'après UNITAID, « les antirétroviraux génériques fabriqués en Inde ont représenté plus de 80 % du marché financé par des donateurs dans les pays à faible et moyen revenu depuis 2006 et 87 % des volumes d'achat d'antirétroviraux en 2008 »[376]. L'arrivée rapide de mécanismes de financement innovants et de partenariats public-privé - Fonds Mondial en 2001 (29 milliards depuis 2002), Unitaid en 2006 (1,9 milliards jusqu'à fin décembre 2012) & Pepfar en 2008 (48 millions pour 5 cinq ans) ont permis l'achat massif de traitements génériques qui assurent la couverture sanitaire de plus de dix millions de personnes aujourd'hui. En 2013, l'ONUSIDA estime que 19,1 milliards ont été dépensés annuellement dans la lutte contre le sida[377]. 22 à 24 milliards seraient nécessaires.

Comme le notait Fabrice Olivet, sans la menace de contamination de la population générale, rien n'aurait sans doute changé. La société civile a donc su et pu profiter d'une fenêtre d'opportunité, cynique peut-être, mais qui lui a permis en trente ans de positionner la réduction des risques comme une directive sanitaire officielle des Nations Unies et de faire baisser les prix des traitements d'une dizaine de milliers de dollars à une centaine aujourd'hui. Ainsi, la mise en place de la réduction des risques a fortement contribué à la prise en compte sanitaire de populations stigmatisées et exclues de l'espace social, et à prévenir l'expansion de l'épidémie. Au niveau international, la mobilisation de la société civile a favorisé l'intégration des flexibilités ADPIC dans les législations nationales, poussé les gouvernements à émettre ou menacer d'émettre des licences obligatoires, mobilisé

---

376. UNITAID, *UNITAID s'inquiète pour l'avenir de l'accès aux médicaments après l'accord de libre-échange ue-inde*, consulté sur http://bit.ly/1oTSHCU le 15 aout 2014.

377. ONUSIDA, *The Gap* Report, 2014, p. 16.

l'opinion publique et les médias lors des urgences sanitaires et du procès Pretoria, participé à l'émergence de la déclaration de Doha et du Fonds mondial. L'ensemble de ces actions associées à la production de médicaments génériques par les pays à faible et moyen revenu a permis une baisse drastique des prix des traitements et l'intégration de populations marginalisées dans la prise en charge sanitaire.

En finir avec le sida ?

Aujourd'hui, il reste encore deux tiers des patients sans solution thérapeutique. Les traitements de seconde et troisième ligne ne sont pas toujours accessibles. D'après le dernier rapport de l'ONUSIDA, on dénombre près de 75% des personnes vivant avec le VIH dans quinze pays. Jean Paul Moati (professeur d'économie de la santé et vice-président de l'INSERM) racontait lors d'une émission radio que 90 % des patients nouvellement détectés en Afrique sub-saharienne bénéficieraient directement d'un traitement antirétroviral et que finalement quatre cinquièmes des personnes vivraient avec une charge virale indétectable[378]. Même s'il manque annuellement quatre à cinq milliards de dollars US pour financer la lutte contre le sida et que les prix des nouveaux traitements sont élevés, la principale barrière actuelle de l'accès aux traitements antirétroviraux est l'ignorance du statut sérologique au VIH. Sur les 35 millions de personnes vivant avec le VIH, près de 19 millions ne savent pas qu'elles sont séropositives au VIH. Ce chiffre peut être expliqué par la persistance des stigmates associés aux populations séropositives. L'existence de lois répressives, stigmatisantes et criminalisantes (criminalisation de la transmission, criminalisation de l'homosexualité, criminalisation du travail du sexe, interdiction d'entrer dans certains territoires, interdiction des soins funéraires, etc.) sur l'usage de drogues, le travail du sexe ou les pratiques sexuelles et amou-

378. Du grain à moudre, *Sida, peut-on mettre fin à l'épidémie ?*, par Julie Gacon et Raphael Bourgois, France Culture, le 21 juillet 2014.

reuses renforcent la discrimination, diminuent la participation au dépistage et accroissent encore la vulnérabilité au VIH de certaines populations clés qui sont les moteurs de l'épidémie[379].

Ainsi, la prévalence du VIH parmi les travailleuses du sexe est 13,5 fois plus importante que celle des femmes de 15 à 49 ans[380]. Pour les hommes ayant des relations sexuelles avec les hommes, on dénombre une prévalence 19 fois supérieure à celle de la population générale[381]. Pour les personnes utilisant des drogues par voie injectable, la prévalence est 28 fois supérieure à la population générale[382]. Pour les femmes transgenres la prévalence est 49 fois supérieure que pour la population générale[383]. En dehors de l'Afrique sub-saharienne, l'Onusida estime que 30 % des nouvelles infections sont détectées chez les personnes qui utilisent des drogues par voie injectable[384] dont 56 à 90 % seront incarcérées à un moment. L'incarcération endommage la prise en charge thérapeutique et l'adhérence au traitement. Elle réduit ainsi les chances de vie et augmente les risques de propagation de l'épidémie. Enfin, les personnes migrantes sont les dernières populations clés de l'épidémie du VIH puisqu'elles ne bénéficient généralement pas des soins et services de santé comme les personnes résidentes.

Si l'accès aux traitements rallonge l'espérance de vie et améliore considérablement la qualité de vie, il est aussi un axe de prévention (TasP[385]) important dans la mesure où la charge virale d'une personne sous traitements antirétroviraux est fortement réduite voire indétectable. Cette diminution de charge virale induit alors une diminution des risques de transmission. Ainsi selon l'Onusida, une augmentation de 10 % de la couverture antirétro-

379. Pays où des lois ou des persécutions ont été reportées pour non révélation de la sérologie, exposition ou transmission du VIH. Voir annexe page 169.

380. Ibid. p. 21.

381. Ibid. p. 127.

382. Ibid. p. 127

383. Ibid. P. 217.

384. Ibid.

385. Treatment As Prevention.

virale permet une diminution du taux de transmission de 1 %[386]. De nouvelles approches prônent alors une prévention accrue sur les populations clés afin de contenir l'épidémie. C'est le cas de la Pre-Exposure Prophylaxis (PrEP) qui permet à des personnes en situation de vulnérabilité de prévenir une infection au VIH par l'ingestion quotidienne d'un comprimé ou par l'utilisation de gel antirétroviral vaginal ou anal.

La lutte contre le sida est une histoire longue et complexe. Si nous venons de retracer les grandes lignes de cette histoire, nous ne prétendons pas avoir fourni une analyse complète mais avoir abordé les points clés qui permettent de comprendre comment réduire l'épidémie. De plus, nous avons vu comment la compétition générique dans la période précédant l'application des ADPIC a réussi à réduire drastiquement les prix de traitements (réduction de 99 % des prix). Mais l'accès aux traitements nécessite avant tout une connaissance de son statut sérologique, qui fait grandement défaut dans l'histoire du sida. La structuration sanitaire qui devrait assurer des actions de prévention et un changement des comportements par l'éducation thérapeutique, se retrouve vite confrontée aux problèmes des déterminants sociaux culturels attachés aux personnes séropositives et à des cadres législatifs répressifs et stigmatisants. Le dernier rapport Onusida note ainsi par ordre de priorité quatre raisons qui favorisent la marginalisation des personnes vivant avec le VIH : la violation des droits humains, la stigmatisation et la discrimination (1), l'accès aux traitements et aux services de santé (2), l'inégalité de genre (3) et l'exclusion et la criminalisation (4). La lutte contre les discriminations des personnes séropositives et de leurs pratiques par l'abolition des lois répressives et stigmatisantes devient alors une priorité pour favoriser l'accès au dépistage puis aux traitements de ces personnes. Si la question financière est importante afin d'assurer les traitements pour toute personne qui en a besoin, la réduction de l'épidémie passe par des méthodes de prévention, une décriminalisation et une déstigmatisation de certaines pratiques. Et plus la contamination sera limitée, plus de moyens financiers seront disponibles pour assurer les traitements

386. ONUSIDA, *The Gap Report*, 2014, p. 285.

nécessaires. Evidemment, les inégalités dans l'accès aux soins de concernent pas uniquement le VIH/sida. Dans un récent rapport, le Rapporteur spécial des Nations Unies sur le droit qu'a toute personne de jouir du meilleur état de santé physique et mentale possible, citant entre autres les résultats d'études menées dans 36 pays en développement, relevait ainsi qu'à peine « un tiers des médicaments essentiels nécessaires était disponible dans le secteur public et deux tiers seulement dans le secteur privé »[387]. Il est alors intéressant de confronter le système d'accès aux traitements pour le VIH à celui du VHC, et tenter de comprendre ce qui peut être répliqué et ce qui doit être imaginé.

387. Bréger, *op. cité*, 2011, p. 48.

CHAPITRE VIII
L'ÉPIDÉMIE SILENCIEUSE D'HÉPATITE C

« Nous assistons à une révolution dans le traitement du virus de l'hépatite C avec des molécules puissantes capables de guérir l'infection. Il n'est pas question que ces traitements, qui peuvent sauver des millions de vies, ne soient pas universellement disponibles à un prix abordable »[388].

Pr. Françoise Barré-Sinoussi, Prix Nobel de médecine en 2008.

Mai 2010, la 63ème Assemblée Mondiale de la Santé déclare considérer l'épidémie d'hépatite C comme un problème de santé publique[389], un geste attendu par la société civile depuis le début des années 2000. Trois ans plus tard, l'Organisation mondiale de la Santé qualifie l'hépatite C d'épidémie silencieuse et négligée[390]. Aujourd'hui, au moins 185 millions de personnes[391] dans le monde ont été infectées par le virus de l'hépatite C (VHC), dont 60-70 % des personnes nouvellement infectées développent une infection du foie chronique et persistante plus de six mois. Environ 5 à 20 % des personnes développeront une cirrhose et 1 à 5 % mourront d'une cirrhose ou d'un cancer du foie[392]. Les

388. Médecins du Monde, Nouveaux traitements de l'hépatite C : Stratégies pour atteindre l'accès universel, Paris, 2014, p. 7.

389. Résolution WHA63.18, Hépatite virale, 63ème Assemblée Mondiale de la Santé, OMS, 21 Mai 2010.

390. OMS, L'hépatite virale : une épidémie silencieuse, consulté sur http://bit.ly/1xpNDj7 le 10 juillet 2014.

391. WHO, *Guidelines for screening, care and treatments persons with hepatitis C infection,* April 2014, p.13.

392. OMS, Hépatite C - Aide-mémoire n°164, juillet 2013, consulté le 10/04/2014 sur http://bit.ly/1nQaf3I

maladies du foie liées au VHC tuent entre 350 000 et 500 000 personnes par an[393], alors que la guérison de l'hépatite C est possible.

Malgré la gravité de la situation sanitaire liée à l'hépatite C, la mobilisation de la communauté internationale reste très insuffisante. Lors de la dernière Assemblée mondiale de la santé, sous la pression des organisations de la société civile, une résolution a été émise sur les hépatites pour rappeler l'importance de l'épidémie chez les usagers de drogues et la lenteur de la mobilisation internationale[394]. En effet, la lutte contre le VHC n'est ni inclue dans les Objectifs du Millénaire pour le Développement, ni dans le programme du Fonds Mondial contre le VIH/sida, le Paludisme et la Tuberculose, et l'OMS vient juste de publier les directives fondamentales pour les pays à ressources limitées afin de poser un cadre de prise en charge de l'hépatite C[395]. En comparant le nombre de personnes affectées par l'hépatite C, on constate qu'il est légèrement supérieur à celui de la malaria et très largement supérieur au nombre de personnes vivant avec le VIH et la tuberculose. Certes la mortalité due au virus de l'hépatite C est inférieure à celle des autres maladies citées, mais elle reste néanmoins conséquente. Et finalement, sans vouloir mettre en concurrence les différentes maladies infectieuses, le VIH et la tuberculose sont des petites[396] épidémies comparées au VHC et à la malaria.

La révolution thérapeutique de l'hépatite C

Il existe 6 différents génotypes du virus qui peuvent presque tous être traités, soit par la combinaison interféron pégylé (PEG-IFN) et ribavirine (RBV), soit par la trithérapie, PEG-IFN, RBV

393. Idid.

394. Résolution WHA67.6, Hépatite virale, 67ème Assemblée Mondiale de la Santé, OMS, 24 Mai 2014.

395. WHO, *op. cité*, April 2014, 124 p.

396. Dans le sens qu'elles affectent moins de personnes même si elles tuent plus.

et l'un des deux inhibiteurs de protéase de première génération du VHC, le télaprévir (TVR) ou le bocéprévir (BOC). Les taux de guérison sont compris entre 50 et 80 % selon le génotype[397] mais les prix de la bithérapie rendent généralement inaccessibles les traitements dans les pays à faible revenu et revenu intermédiaire. En effet, si la ribavirine est disponible sous forme générique, l'interferon pegylé est toujours sous brevet et vendu par les firmes pharmaceutiques Roche et Merck. Ce duopole leur permet d'imposer leur prix de vente et ce indépendamment des capacités financières des patients et/ou gouvernements. C'est ainsi que le prix du peg-interferon peut atteindre 18 000 $ pour une cure de 48 semaines. Cependant, certains pays ont utilisé diverses stratégies pour faire baisser les prix. L'Egypte, par exemple, a mis en place le meilleur système national d'accès au PEG-INF. En développant par une production locale un médicament bio-similaire au PEG-INF, qui a des propriétés et des effets semblables, elle a pu faire jouer la compétition et forcer l'entreprise Roche, propriétaire du brevet sur le PEG-INF, à rajuster ses prix à hauteurs du bio-similaire[398].

De nouveaux traitements, nommés antiviraux à action directe (AAD) ont récemment été autorisés par les agences de santé américaine (Food and Drug Administration, FDA) et européenne (Agence Européenne pour l'Evaluation des Médicaments, EMEA). Ils permettraient une formidable avancée dans la réduction de la mortalité due au virus de l'hépatite C en améliorant les taux de guérison jusqu'à 90 %[399], avec des applications pan-génotypes pour le sofosbuvir et une diminution importante des effets secondaires. Néanmoins, on note un manque d'information sur les essais cliniques en cours pour les génotypes 4, 5 et 6[400].

---

397. Médecins du Monde, *Nouveaux traitements de l'hépatite C : stratégies pour atteindre l'accès universel*, Paris, 2014, p. 7.

398. Ibid, p. 8.

399. WHO, *op. cité,* 2014, p. 13.

400. Hep Coalition, *Pills cost pennies, greed costs lives, 1st hepatitis C virus world community advisory board report,* Treatment Action Group, 2014, p.8.

D'après une étude de Médecins du Monde, les prix de vente en France seraient 747 fois supérieurs aux coûts de production. La pilule couterait 1000 $US aux Etats-Unis.

> « En Egypte, où près de 12 millions de personnes sont atteintes de VHC chronique (F0 à F4), l'administration du sofosbuvir (seul) au prix minimum de 2 000 USD à l'ensemble de cette population représenterait cinq fois les dépenses publiques en santé du pays en 2011. Fournir du sofosbuvir (seul) aux égyptiens se situant à un stade avancé de la maladie (F3 et F4) et qui auraient besoin d'une mise sous traitement immédiate, équivaudrait à presque 62 fois le budget entier annuel de l'Egypte à son programme (2008-2012) de soins et du traitement du VHC »[401].

73 % des personnes infectées par le VHC vivent dans des pays à revenu intermédiaire, 15 % dans les pays à revenu élevé et 12 % dans les pays à faible revenu[402]. Les systèmes de santé fonctionnant avec un système de tarification à l'acte et les prix exorbitants demandés par les industries pharmaceutiques ont pour conséquence de minimiser l'accès aux traitements. L'étude réalisée par Médecins du Monde[403] constate que pour soigner 55 % des personnes atteintes d'une hépatite chronique en France avec la seule molécule de sofosbuvir, il faudrait mobiliser la totalité du budget de l'Assistance Publique de Paris. En Indonésie, pour couvrir 50 % des personnes infectées, la totalité des dépenses publiques consacrées à la santé serait nécessaire. « Aux prix fixés par les firmes pharmaceutiques, l'accès pour tous serait impossible à réaliser »[404] dénonce Médecins du Monde. Gregg Alton, président exécutif de Gilead, justifie le prix imposé en soutenant qu'il est moins élevé qu'une greffe du foie. « Mais la plupart des personnes vivant avec le virus de l'hépatite C n'ont même pas été

---

401. Médecins du Monde, *op. cité*, p. 11.
402. Ibid. p. 5.
403. Ibid.
404. Ibid. p. 4.

diagnostiquées et n'ont aucun espoir de bénéficier d'une greffe du foie »[405], réplique une coalition d'ONG lors de la dernière conférence internationale sur le sida à Melbourne.

De la lutte contre le sida à la lutte contre l'hépatite C

L'analyse de la situation épidémiologique conclut à une forte mortalité chez les personnes usagères de drogues par voie intraveineuse (PUDVI) dans les pays à revenu intermédiaire, à cause d'une forte discrimination des PUDVI et du monopole des firmes pharmaceutiques sur la production de médicaments. Médecins du Monde a donc décidé de fonder la stratégie de plaidoyer sur différents enjeux : la faible mobilisation sociale, politique et financière, la non utilisation des flexibilités permises par l'accord sur les aspects des droits de propriété intellectuelle qui touchent au commerce et l'absence de compétition générique.

La lutte pour l'accès universel aux traitements s'inscrit dans une large stratégie des organisations non gouvernementales qui visent à lutter contre l'hépatite C. Pour Médecins du Monde, la Charte d'Ottawa de 1986, qui souhaitait contribuer à la santé universelle à l'aube du XXIème siècle, est la base du modèle de planification du plaidoyer[406]. Les actions sont mises en œuvre en parallèle des activités de renforcement de l'action communautaire, des connaissances et capacités des individus et des collectifs, et des services de santé[407]. Par une approche de santé publique basée sur les droits humains, l'organisation contribue à la réalisation de l'objectif 6 du millénaire pour le développement, qui vise à enrayer la propagation du VIH/sida, assurer à tous ceux qui en ont besoin le traitement approprié et maîtriser d'autres maladies graves.

---

405. HepCoalition, *AIDS 2014 : des activistes font un die-in pour protester contre le prix excessif du médicament de Gilead contre l'hépatite C*, 2014, consulté sur http://bit.ly/1nXDD6t le 29 juillet 2014.

406. Médecins du Monde, Présentation powerpoint du module de formation plaidoyer, 2013, p. 16.

407. Ibid. p. 17.

La situation sanitaire est préoccupante et semble similaire à l'épidémie du VIH une trentaine d'années auparavant. Elle concerne l'ensemble de l'humanité et des médicaments sont disponibles mais inaccessibles à cause de la protection des brevets. On constate aussi une épidémie qui concerne des populations clés similaires. Le mode transmission, par contact sanguin, explique que les usagers de drogues par voie intraveineuse soient touchés de manière disproportionnée par la maladie. En effet, 67 % des injecteurs seraient infectés par le VHC[408], et ils enregistreraient 70% des nouvelles infections[409]. D'après Noah Metheny, les hommes ayant des relations sexuelles avec des hommes seraient aussi très concernés par l'épidémie de VHC[410]. La transmission sexuelle est polémiquée mais des récentes recherches ont démontré que les personnes séropositives au VIH et ayant des relations sexuelles non protégées sont plus exposées aux risques d'infection. Des facteurs additionnels comme les activités sexuelles en groupe, les pratiques sexuelles anales ou l'utilisation de cocaïne ou de méthamphétamine accroitraient les risques d'infection.

Dans le cadre de la lutte contre le VIH/sida, les programmes de réduction des risques ont démontré leur efficacité afin de prévenir au maximum toute contamination. Ces programmes peuvent être adaptés pour lutter contre l'hépatite C. Ainsi, une étude de Martin et al. démontre qu'une approche à grande échelle sur plus de dix ans combinant traitement antirétroviral, traitement de substitution aux opiacés, programme d'échange et de distribution de seringues et d'aiguilles, permettent une diminution de la prévalence supérieure à 45 %[411]. Néanmoins, un examen systématique a révélé qu'en moyenne chaque PUDVI ne recevait que

408. 10 sur 16 millions de personnes usagères de drogues, Médecins du Monde, Op. cité, p. 4.

409. Ibid, p.8.

410. Hep Coalition, *op.cité,* Treatment Action Group, 2014, p.8

411. Martin NK, Hickman M, Hutchinson SJ, Goldberg DJ, and Vickerman P., « Combination interventions to prevent hepatitis C virus transmission among people who inject drugs: modeling the impact of antiviral treatment, needle and syringe programs, and opiate substitution therapy », *Clinical Infectious Disease*, Oxford Journal, 2013, p. 39-45.

deux seringues/aiguilles par mois et que seules 8 % d'entre elles bénéficiaient d'un traitement de substitution aux opiacés[412]. Dans le cadre du VHC, l'éducation aux risques liés à l'injection est aussi une activité fondamentale de prévention. En effet, comparée au VIH, la forte virulence du VHC nécessite une sensibilisation aux bonnes pratiques d'injections. Ainsi, une seringue utilisée par une personne infectée reste contaminante trois semaines, contrairement au VIH qui ne résiste pas à l'air libre. Enfin, il est aujourd'hui reconnu que les nouveaux modèles de soins doivent intégrer les communautés concernées et un article de Crawford et al.[413] compile différents modèles de soins avec les travailleurs pairs.

Cette brève revue de la littérature nous permet de comprendre que de nombreux éléments de la stratégie de lutte contre le sida peuvent être adaptés à la situation du VHC. On retrouve ainsi l'approche communautaire de la réduction des risques, les programmes de distribution gratuite de matériel d'injection et de préservatif, les séances d'éducation thérapeutique et de sensibilisation. Le Task Shifting s'est aussi révélé très efficace dans la gestion des ressources humaines et permet à du personnel non soignant, comme des travailleurs pairs, d'effectuer des tâches spécifiques comme le dépistage. Les populations clés de l'épidémie de VHC sont néanmoins plus restreintes aux usagers de drogues (67 % de prévalence parmi les PUDVI[414]), aux personnes contaminées et aux personnes vivant avec le VIH (le risque de transmission du VHC est estimé entre 4 et 8 % pour les mères séronégatives au VIH, entre 17 et 25 % pour les mères séropositives au VIH[415]). Cependant, pour la population générale l'infection est principalement nosocomiale, « communément asso-

412. Mathers BM, Degenhardt L, Ali H, Wiessing L, Hickman M, Mattick RP et al. « HIV prevention, treatment, and care services for people who inject drugs: a systematic review of global, regional, and national coverage », *Lancet,* 2010, p. 1014-1018.

413. Crawford S, Bath N, « Peer support models to enhance engagement in hepatitis C virus care », *Clinical Infectious Disease*, 2013.

414. WHO, *op. cité*, April 2014, pp. 26-27

415. Ibid.

ciée à des pratiques dangereuses d'injections et à des procédures telles que les dialyses rénales et les transfusions sanguines non contrôlées. Entre 8 et 12 milliards d'injections sont administrées chaque année dans le monde et 50 % sont considérées comme dangereuses (principalement en Afrique subsaharienne et en Asie (…) L'exemple le plus documenté de soins par transfusion est l'épidémie généralisée de l'infection au VHC en Egypte, résultant de pratiques dangereuses d'injections, où la prévalence du VHC est de 25% dans certaines régions »[416]. L'accès universel aux produits sanguins non dangereux est alors un axe de prévention pour contenir l'épidémie du VHC.

Les déterminants sociaux culturels ont une place importante dans la compréhension de l'épidémie. Si on associe le VIH/sida à une mort fulgurante, l'hépatite C est beaucoup moins connue et généralement considérée comme beaucoup moins dangereuse. Il est vrai qu'un tiers des patients ne nécessitent pas de traitement. Cependant, la mortalité du VHC est plus faible et sa morbidité bien plus importante. Dans les deux situations, les stigmatisations sont une barrière à l'accès aux soins. Le rapport 2013 de la Commission mondiale pour la politique des drogues étudie spécifiquement la situation de l'hépatite C. Il décrit un manque d'attention et de volonté politique qui s'accompagne d'une surveillance nationale généralement non existante. Le dossier conclut que la guerre contre l'usage de drogues amplifie la propagation de l'épidémie[417]. Pour Bruggmann et al., le modèle de soins pour les PUDVI ne correspond pas à toutes les situations mais quand les barrières d'accès sont levées le monitoring et les traitements de l'infection sont une réussite[418]. Afin de renforcer le monitoring de l'infection, très insuffisant, et la prise en charge des PUDVI, Treloar et al. abordent aussi la question des barrières aux soins

416. Ibid, p. 27

417. The Global Commission on Drug Policy, *The negative impact of the war on drugs on public health, the hidden hepatitis C epidemic*, Mai 2013, 24 p.

418. Bruggmann P, Litwin AH., « Models of care for the management of hepatitis C virus among people who use drugs: one size does not fit all », *Clinical Infectious Disease,* 2013, p. 56–61.

et des stigmates[419]. La stigmatisation et la discrimination des PUDVI doivent être prohibées et tous les soins doivent être administrés avec le consentement du patient.

Dans les deux situations du VIH et du VHC, la société ne semble pas qualifier l'urgence de la situation, et pire, la criminalisation intense de l'usage de drogue provoque des dégâts sanitaires plus importants. Mais des leçons ont été apprises dans la lutte contre le sida. C'est désormais près de trente ans d'expériences et d'expertises que possèdent les militants et activistes qui se sont battus pour l'accès aux traitements dans les pays à faible et moyen revenu. En se basant sur les connaissances acquises, les points clés prioritaires[420] pour élargir l'accès aux traitements et aux soins pour l'hépatite C sont :

- la réduction des coûts des traitements actuels et futurs ;
- la simplification du pack de soin ;
- l'identification des opportunités pour transférer les tâches spécifiques à des non spécialistes pour combler le manque de ressources humaines (Task Shifting) ;
- l'intégration des services VHC, des programmes d'échange de seringues et des thérapies de substitution aux opiacés, dans les consultations dispensées pour le virus de l'immunodéficience humaine (VIH) et dans les services de santé des prisons ;
- l'amélioration de la surveillance, du contrôle et de la recherche ;
- l'encouragement de l'engagement des patients et des communautés ;

419. Treloar C, Rance J, Backmund M., « Barriers to hepatitis C virus care and stigmatization from a social perspective », *Clinical Infectious Disease*, 2013, p. 51–55.

420. Nathan Ford, Kasha Singh, Graham S Cooke, Edward J Mills, Tido von Schoen-Angerer, Adeeba Kamarulzaman and Philipp du Cros, « Expanding Access to Treatment for Hepatitis C in Resource-Limited Settings: Lessons From HIV/AIDS », *Clinical Infectious Diseases Advance Access*, 2012, p. 1

- la concentration des actions sur les besoins spécifiques des populations vulnérables ;
- un meilleur engagement financier et politique.

Etant donnée la faible mobilisation, Médecins du Monde a choisi de soutenir les groupes d'auto support et de renforcer leurs compétences dans la gestion des Drop In Center et le plaidoyer. Les centres dispensent alors des services de réduction des risques (sensibilisation, éducation thérapeutique, dépistage, référencement) en travaillant toujours avec des travailleurs pairs. Une première coalition nationale est créée en 2012 afin d'allier les acteurs français impliqués dans le champ de l'hépatite C (Act Up-Paris, CHV, MSF, Solthis, Coalition Plus, l'institut Pasteur, ANRS, AIDES, Sidaction, des universitaires, chercheurs et hospitaliers). En 2013, les associations communautaires et les ONG se sont réunies à Washington pour la conférence internationale sur le sida, et ont lancé l'Appel de Washington pour créer une coalition internationale (MdM, TAG, Act-Up Basel, INPUD, ITPC) capable de peser pour l'accès universel aux dépistages volontaires et aux traitements[421]. De cet appel est née HepCoalition, un mouvement international pour l'accès aux traitements contre l'hépatite C. Beaucoup d'activistes qui militent aujourd'hui pour l'accès aux traitements contre l'hépatite C, sont issus de la lutte contre le sida. Ils ont ainsi reproduit le modèle du World Community Advisory Board (World CAB) qui réunit des activistes du monde entier et des producteurs de médicaments princeps et génériques. En février dernier, le premier World CAB VHC a été organisé à Bangkok avec trois objectifs : organiser un forum afin que les activistes puissent apprendre sur les traitements contre le VHC et les barrières d'accès, définir une stratégie globale de plaidoyer et rencontrer les compagnies pharmaceutiques pour connaître leurs plans d'accès aux traitements pour les pays à revenu limité[422].

---

421. Appel de Washington publié sur le site de hepCoalition.org consulté le 28 juillet 2014 sur http://bit.ly/1qG5pfL

422. Hep Coalition, *op. cite,* Treatment Action Group, 2014, p. 1.

Les participants relevèrent alors les différentes tactiques employées par les compagnies pharmaceutiques pour limiter l'accès aux traitements dans les pays à revenu limité :

- « Delaying or failing to register a drug in every country (without registration, neither the originator nor the generic version can be sold);
- Filing multiple patents to block the market for generics, without having any intention of selling their drug in that country;
- Use of tiered pricing and restrictive voluntary licensing, both of which delayed or prevented access to affordable generics ARVs for millions of people; and
- Opposing compulsory licenses »[423].

Pour favoriser l'accès aux traitements de l'hépatite C, les organisations du World CAB ont mis en place plusieurs stratégies. Tout d'abord, la Ribavirine étant dans le domaine public, il serait nécessaire de favoriser la compétition économique sur le marché de l'interféron pégylé pour faire baisser les prix. Puis, en ce qui concerne les nouveaux traitements, il s'agit de réaliser des oppositions aux brevets. Elles doivent être autorisées par la législation nationale et ne sont pas inclues dans les ADPIC comme flexibilité. Elles peuvent être, en fonction de la législation, exécutées avant (pre grant opposition) ou après (post grant opposition) la délibération de l'office des brevets. Cette disposition permet de contrer les stratégies d'evergreening des industries pharmaceutiques qui modifient légèrement une molécule afin de demander une prolongation de la protection pour vingt ans de plus. On constate ici l'importance de disposer d'un bureau des brevets

423. « Retarder ou faire échouer l'enregistrement des médicaments dans chaque pays (sans enregistrement, la version originale ou générique ne peuvent être vendus) ; renseigner plusieurs demandes de brevets pour bloquer le marché des génériques, sans avoir aucun intention de vendre le médicament dans ce pays ; utiliser les prix différenciés et les licences volontaires pour retarder ou empêcher l'accès à des ARV génériques financièrements abordables pour des millions de personnes ; et s'opposer aux licences obligatoires », Ibid. p. 12.

compétent pour qu'il puisse évaluer avec précision les critères de brevetabilité. Une opposition au brevet réussie peut alors mener à la fabrication générique de la molécule et faire baisser les prix.

Le sofosbuvir, une fenêtre d'opportunité pour mettre en débat la question de l'accès aux traitements

En Egypte, le bureau des brevets a rejeté en avril 2014 la demande de brevetabilité faite par Gilead sur le sofosbuvir car il ne remplit pas le critère de nouveauté. Le sofosbuvir est en effet une amélioration du ténofovir, un antirétroviral à action directe mais avec une efficacité supérieure. Dans le même temps, Gilead a négocié avec le gouvernement égyptien une baisse des prix à 300 $US par mois[424]. Le coût total du traitement serait alors situé entre 900 et 1800 $US (variation de la durée du traitement entre 3 et 6 mois). Le ministère a donc obtenu une réduction d'environ 50 %. Mais sachant que le coût de production est estimé entre 68 et 136 $US[425] et que l'Egypte est le pays avec la plus haute prévalence de VHC, on aurait pu s'attendre à une baisse plus importante. En reprenant les calculs de l'étude de Médecins du Monde, environ 12 millions de personnes ont été infectées en Egypte dont environ 2,5 millions sont à un stade avancé de la maladie. Au prix négocié, les frais pour couvrir l'ensemble des personnes s'élèveraient entre 10,8 milliards et 21,6 milliards de dollars américains. Pour assurer les traitements uniquement pour les personnes en stade avancé, entre 2,3 milliards et 4,6 milliards seraient nécessaires. Le budget annuel égyptien de soins et de traitement du VHC s'élevant à 80 millions de dollars américains, il est dès lors toujours impossible de soigner l'ensemble des personnes infectées par le VHC, même uniquement ceux en stade avancé.

---

424. Heba Wanis, *Health: No sofosbuvir patent in Egypt, but Gilead deal still expensive*, Third World Network, 2014, consulté sur http://bit.ly/1uxdwL0 le 29 juillet 2014.

425. Hep Coalition, *op. cite,* Treatment Action Group, 2014, p. 19.

En Inde, l'organisation Initiative Medicines Access and Knowledge (I-MAK), qui réalise notamment les oppositions au brevet pour MSF, a déposé un dossier d'opposition pour manque d'inventivité[426]. Pour MSF[427], si l'opposition au brevet est validée par le bureau de Calcutta, les firmes indiennes pourraient être en mesure de produire massivement du sofosbuvir en version générique. Cette initiative permettrait alors d'exporter les médicaments génériques pour les pays qui n'ont pas de capacité productive et où le sofosbuvir a été enregistré. Il est ainsi très étonnant de voir le ministre de la santé égyptien se réjouir de la négociation avec Gilead[428]. Car finalement, si l'Inde réussit à produire du sofosbuvir à moindre coût, l'Egypte pourra traiter ses patients grâce à la production générique assurée par l'Inde et non pas par l'accord passé avec Gilead.

Le cas du sofosbuvir se déroule aussi dans les pays à faible et moyen revenu. Aux Etats-Unis, près de 3 millions de personnes ont été infectées par le VHC. Au prix imposés par Gilead, traiter les patients avec le sofosbuvir coûterait environ 300 milliards de dollars US[429] alors que les dépenses totales en médicaments aux Etats-Unis s'élèvent à 260 milliards de dollars[430]. Dans une lettre envoyée le 11 juillet 2014, les sénateurs Ron Wyden (démocrate de l'Orégon) et Chuck Grassley (républicain de l'Iowa) ont écrit à Gilead pour demander des explications sur le montant du prix (84 000 $US le traitement de douze semaines). Ils précisent dans leur lettre que l'entreprise qui a initialement dévelop-

426. Ibid.

427. MSF, *Gilead attempt to secure patent on hepatitis C drug opposed in Indi, Patent opposition seeks to ensure production of affordable generics*,

428. Heba Wanis, *op. cité*, 2014.

429. Steve Miller, *The Sovaldi Tax: Gilead Can't Justify The Price It's Asking For Hepatitis C Therapy*, Forbes, 17 juin 2014 consulté sur http://www.forbes.com/sites/theapothecary/2014/06/17/the-sovaldi-tax-gilead-cant-justify-the-price-its-asking-americans-to-pay/ le 29 juillet 2014

430. Kim Peterson, *$1,000-a-day miracle drug shocks U.S. health care system*, CBS News, 3 avril 2014, consulté sur http://www.cbsnews.com/news/1000-a-day-miracle-drug-shocks-us-health-care-system/ le 29 juillet 2014

pé le sofosbuvir, Pharmasset, proposait un prix à 36 000 $US. « That price appears to be higher than expected given the costs of development and production and the steep discounts offered in other countries »[431] disent les sénateurs. D'après leur investigation, Pharmasset aurait dépensé 62,4 millions de dollars US pour le développement du sofosbuvir[432]. Alors que le rachat de Pharmasset a coûté 11 milliards de dollars à Gilead[433] en 2012, cette dernière a déjà réalisé 1,5 milliards de dollars de chiffre d'affaires sur la vente de sofosbuvir au premier trimestre 2014 et on attend un chiffre d'affaires de 10 milliards pour l'année 2014[434].

Si Gilead continuait à vendre le sofosbuvir au prix de 84 000 $, son chiffre d'affaires s'élèverait, rien qu'aux Etats-Unis, à 250 milliards de dollars, soit un retour sur investissement de 2000 %[435] (aux Etats-Unis seulement). La presse américaine a alors fortement réagi pour savoir pourquoi Gilead imposait de tels prix. Un article de Forbes se demande pourquoi les Etats-Unis doivent payer 84 000 dollars US alors que l'Allemagne ne paiera que 67 000 $, le Canada et le Royaume Uni 55 000 $ et

431. « Le prix est finalement plus élevé que celui qui était prévu, au regard des coûts de développement et de production, et des maigres ristournes accordeées dans les autres pays », Andrew Khouri, *U.S. Senators ask Gilead Sciences to explain high cost of hepatits C drug*, LA Times, 11 juillet 2014, consulté sur http://www.latimes.com/business/la-fi-senators-gilead-sciences-20140711-story.html le 29 juillet 2014

432. Lettre des sénateurs Ron Wyden et Charles E. Grassley, adressée à Dr. John C. Martin, Président du conseil d'administration de Gilead, le 11 juillet 2014.

433. Ibid.

434. Staton T. Express Scripts assembling anti-Sovaldi coalition to shut out Gilead hep C drug. April 8, 2014. Consulté le 6 aout 2014 sur http://bit.ly/1y5Yk6k

435. Brennan T, Shrank W. New Expensive Treatments for Hepatitis C Infection. *JAMA*. Published online July 20, 2014.

l'Egypte 900 $[436]. Le gestionnaire de soins pharmacothérapeutiques aux Etats-Unis appelle même à un boycott du sofosbuvir car « it will make pharmacy benefits no longer sustainable. Companies just aren't going to be able to handle paying for this drug »[437]. En France, cinq députés socialistes ont aussi écrit à Gilead. Le prix du traitement s'élève à 56 000 € et les députés estiment le coût de production à 200 €. Gilead cherche à faire le maximum de profit le plus rapidement possible alors que son nouveau médicament devrait être utilisé massivement à travers le monde entier.

L'histoire du sofosbuvir est par conséquent une fenêtre d'opportunité importante pour remettre en débat la question de l'accès aux médicaments. Comme nous l'ont dit plusieurs personnes avec qui nous nous sommes entretenus, si jusqu'ici la question du prix des traitements est restée un problème des pays à faible et moyen revenu, ce n'est plus le cas désormais. Est-ce la conséquence des crises et des mesures d'austérité qui font réagir les représentants des peuples ? Nous ne savons pas mais une chose est sûre, ces prix exorbitants sont les conséquences du système mis en place par l'accord des ADPIC et le problème s'étend aux pays à haut revenu. La stratégie utilisée dans le cadre de la lutte contre le sida peut être élargi à la lutte contre l'hépatite C car les déterminants sont les mêmes. Sans changement de référentiel, il est alors nécessaire de prolonger la lutte contre le sida à la lutte contre le VHC. Mais comme nous l'avons dit dans la première partie, le modèle proposé par les ADPIC ne répond pas aux attentes du droit à la santé et dans ces conditions, l'accès universel aux traitements VHC ne pourra être réalisé. De plus, la

---

436. Steve Miller, The Sovaldi Tax: Gilead Can't Justify The Price It's Asking For Hepatitis C Therapy, le 17 juin 2014, consulté sur http://www.forbes.com/sites/theapothecary/2014/06/17/the-sovaldi-tax-gilead-cant-justify-the-price-its-asking-americans-to-pay/ le 29 juillet 2014

437. « Cela rendra les bénéfices des industries pharmaceutiques moins rentables. Les entreprises ne seront pas en mesure de payer pour ce médicament », Staton T., *op. cité*, April 8, 2014.

mobilisation des Etats est trop faible pour favoriser la compétition générique. C'est ce que nous proposons désormais d'étudier, la période post ADPIC et l'accès aux traitements.

CHAPITRE IX
LA PÉRIODE POST ADPIC

« La combinaison toxique de mauvaises politiques, des politiques économiques et de la politique en général, est en grande partie responsable du fait qu'une majorité de peuples dans le monde ne bénéficient pas d'une bonne santé, pourtant possible du point de vue biologique. L'injustice sociale tue à grande échelle »[438].

Michael Marmot, Président de la commission de l'OMS sur les déterminants sociaux de la santé.

Les deux exemples d'épidémies que nous venons d'illustrer démontrent que la solution élaborée par les ADPIC n'est pas satisfaisante au regard du droit à la santé. Nous l'avons dit, mais il est nécessaire de le rappeler puisque les politiques ne peuvent s'empêcher de vanter le succès dans la lutte contre le sida, 24 % des enfants séropositifs et deux tiers des adultes vivant avec le VIH/sida n'ont pas accès aux traitements, et ceci près de quinze ans après une mobilisation politique et financière sans précédent pour une crise sanitaire. Si la communauté internationale considère que les déclarations de Doha (2001), de Cancun (2003) et de Honk Hong (2005) ont résolu le dilemme entraîné par les ADPIC, nous pensons au contraire que le système actuel est d'une instabilité sans précédent. Et comme le souligne Marc Dixneuf, « les discussions qui ont précédé l'adoption de ces textes montrent que les pays développés ne considèrent pas la santé comme un enjeu prioritaire par rapport aux objectifs commerciaux »[439]. La période

438. M. Marmot, « Closing the gap in a generation : health equity through action on the social determinants of health » , communiqué de presse du 28 août 2008, cité par Dominique Kerouedan, *Géopolitique de la santé mondiale*, Leçons inaugurales au Collège de France, Collège de France / Fayard, 2013, p. 38.

439. Marc Dixneuf, « La santé enjeux de gouvernance mondiale », *Les Etudes du CERI*, n°99, 2003, p. 29.

post-transition entraine de sérieuses difficultés pour maintenir l'accès aux médicaments. En effet, les pays membres de l'OMC doivent désormais cadrer leurs règlementations nationales en matière de protection de la propriété intellectuelle sur la base minimale stipulée par les ADPIC.

Les limites de l'accord des ADPIC

Comme le rapportent Coriat et Almeida, « la brevetabilité des processus comme des produits devient obligatoire pour tous les pays signataires et la durée de la protection des brevets est partout portée à vingt ans pour les pays à revenu intermédiaire »[440]. Cette disposition a des conséquences sur tous les nouveaux médicaments inventés après l'application des réformes sur la propriété intellectuelle. Concernant le VIH, cela entraine des difficultés sur les nouveaux traitements et sur les traitements dits de deuxième et troisième ligne qui sont nécessaires pour contrer les mutations du virus et dans les situations d'échec thérapeutique avec les traitements de première ligne. L'ensemble des antirétroviraux développés après la signature des ADPIC doivent désormais être protégés par un brevet dans les pays à haut revenu. La période de transition accordée aux pays émergents (excepté le Brésil) a permis la production de médicaments sous forme générique et à bas coût. Mais tous les médicaments inventés après 2005 sont désormais protégés dans l'ensemble des pays qui possèdent une industrie pharmaceutique. « Pour la plupart de ses opposants, l'ADPIC traduit avant tout le triomphe des intérêts privés des firmes pharmaceutiques occidentales et des pays exportateurs de technologies sur les intérêts généraux de milliards d'habitants du monde en développement, notamment en matière de santé et d'accès à des médicaments de qualité et à des prix non prohibitifs »[441].

---

440. Benjamin Coriat & Chritina d'Almeida, « Propriété intellectuelle, deuxième ligne et accès aux traitements dans les pays du Sud », numéro spécial ANRS, *Transcriptases*, automne 2008, p. 83-86.

441. Bréger, *op. cité,* p. 65.

Néanmoins, un important problème méthodologique est posé puisque différentes études sur la question de l'augmentation des prix portent des analyses différentes[442]. Ainsi, une étude de 1993 démontre que les prix des produits pharmaceutiques sont en moyenne plus élevés dans les pays qui ont une protection de la propriété intellectuelle plus rigoureuse[443]. Le rapport 2001 du PNUD démontre que les prix des produits brevetés ont augmenté jusqu'à 1300 %[444]. Mais une autre montre que l'application de la brevetabilité des médicaments en Inde (en 2005) n'entraînera pas d'explosion des prix[445]. Pour l'OMC et l'OMS, le problème se base sur le fait que le prix du médicament dépend de nombreux facteurs : « offre et demande; pratiques en matière de prescription et de consommation; coûts de fabrication; conditions de concurrence sur les marchés; impôts, taux de change et redevances sur les médicaments brevetés; marges sur les prix de gros et de détail; élasticité des prix de différents médicaments; et, surtout, politiques des caisses d'assurance maladie publiques et privées en matière de couverture et de paiement »[446].

Finalement, en raison du manque d'étude empirique et de la faiblesse de « collecte systématique de données, notamment dans le domaine du commerce et de la santé »[447], et du fait que la majorité des médicaments inscrits sur la liste des médicaments essentiels de l'OMS ne sont pas brevetés, un rapport conjoint de l'OMS & de l'OMC produit en 2002 conclut que « l'Accord sur les ADPIC n'aura pas, d'une manière générale, d'effet sur le

442. Watal J., « Pharmaceutical patents, prices and welfare losses: policy options for India under the WTO TRIPS Agreement », *World Economy*, 2000.

443. Scherer, F.M. Pricing, profits, and technological progress in the pharmaceutical Industry. The Journal of Economic Perspectives, 1993, 7: 97-115.

444. Varella Marcelo D., « L'organisation mondiale du commerce, les brevets, les médicaments et le rapport nord-sud : un point de vue du sud », *Revue internationale de droit économique*, 2004/1 t. XVIII, 1, p. 82.

445. Fink, C. *How Stronger Patent Protection in India Might Affect the Behavior of Transnational Pharmaceutical Industries* . Banque mondiale, mai 2000.

446. OMS & OMC, *op. cité*, 2002, p. 105

447. Ibid. p.164.

prix des médicaments figurant actuellement sur la liste modèle de l'OMS » et que l'accès aux médicaments essentiels dépend en conséquence avant tout « des systèmes d'approvisionnement et de distribution mal développés, manque de financement, absence de capacités de production et d'importation de médicaments génériques et accessibilité des médicaments même génériques pour les populations des pays les plus pauvres »[448]. Néanmoins, le rapport note que la question des nouveaux médicaments brevetés après 1994 ne peut être encore élucidée (en 2003) et qu'on ne pourra constater les conséquences des ADPIC sur ces médicaments qu'à partir de 2015. Des craintes sont exprimées pour les maladies à haute mortalité, comme le sida, la tuberculose ou le paludisme, dont les traitements les plus efficaces ont été élaborés au début du XXIème siècle. Ainsi, la question de l'augmentation des prix des médicaments suite à l'application de l'accord des ADPIC n'est pas élucidée. Mais il est néanmoins clair que cet accord n'a pas rempli ses objectifs et a contribué à restreindre l'accès des plus pauvres aux médicaments et augmenter les profits des compagnies pharmaceutiques. Ne serait-il pas pourtant plus juste de s'assurer du respect du droit à la santé de milliard de personnes plutôt que des résultats financiers de quelques entreprises au profit de quelques uns ?

448. Ibid. p. 106.

De l'usage des licences obligatoires

L'Assemblée Générale de la Santé rappelle fréquemment[449] qu'elle est consciente « des inquiétudes suscitées par le système actuel de protection par les brevets, en particulier lorsqu'il est appliqué aux médicaments dans les pays à faible et moyen revenu » et « invite les Etats Membres à adapter leur législation nationale pour tenir pleinement compte des dispositions flexibles figurant dans l'accord sur les ADPIC »[450]. De ce point de vue, on ne peut reprocher à l'OMS de ne pas promouvoir l'accès universel aux traitements. Néanmoins, on constate finalement que peu de licences obligatoires ont été émises depuis la déclaration de Doha[451], et essentiellement pour fournir des programmes publics en traitements antirétroviraux à faible coût[452], alors que comme le souligne Ellen 't Hoen, après l'année 2005, l'accès aux médicaments dépend fortement de l'émission de licences obligatoires[453]. L'OMPI rappelle que les premiers pays, et jusqu'ici les seuls[454], à avoir utilisé des licences obligatoires à des fins d'exportation sont le Canada et le Rwanda en 2007. Elles furent délivrées dans l'objectif d'autoriser la production de zidovudine (AZT) sous

449. Voir les résolutions de l'OMS à ce sujet : WHA49.14 (25/05/1996), WHA52.19 (24/05/1999), WHA53.14 (20/05/2000), WHA54.10, WHA54.11 (21/05/2001), WHA55.14 (18/02/2002), WHA56.30 (28/05/2003), WHA56.23 (27/05/2006), WHA 59.24(26/05/2006), WHA60.30 (27/05/2006), WHA60.30 (24/05/2007), WHA57.14 (22/05/2014).

450. Déclaration de l'assemblée générale de l'OMS 2003 : résolution WHA56.27.

451. Peter Maybarbuk, *The global access to medicines movement, a brief history and a case study*, presentation réalisée le 13 avril 2013, Public Citizen, consultée sur http://bit.ly/1uNZqaC le 1er aout 2014.

452. Carlos Correa & Duncan Matthew, *op. cité*, United Nations Program for Development, 2011, pp. 19-20.

453. Ellen 't Hoen, *op.cité*, 2003, p. 48

454. Le Ghana a aussi émis une demande en 2005 pour importer des médicaments du Canada mais il a finalement décidé d'importer un médicament générique d'Inde. Le Népal l'envisageait aussi en 2007 mais il n'a pas rempli la demande nécessaire auprès de l'OMS. cf. WHO, WTO, WIP, *Promoting Access to Medical Technologies and Innovation*, 2013, p. 178.

forme générique à des fins d'exportation vers le Rwanda. Il est par ailleurs important de remarquer la complexité de la procédure « compte tenu des notifications requises et des négociations avec le titulaire du brevet, pour que soit délivrée cette première licence obligatoire »[455]. On constate alors la complexité du processus et particulièrement pour les pays à faible et moyen revenu qui manquent généralement d'une expertise technique et légale[456].

Pour Coriat et Almeida, la procédure d'émission de licence obligatoire n'est pas adaptée au sida en raison des capacités de mutation du virus car : « le processus d'émission de telles licences est long et coûteux ; (...) soumis à contestation et recours juridique ; en pratique, il fait dépendre l'arrivée des médicaments des aléas des procédures judiciaires et des décisions des cours de justice, ce qui crée une situation d'incertitude qui n'est pas acceptable lorsque des dizaines de milliers de patients doivent être journellement alimentés dans différents types de combinaisons de médicaments »[457]. Pour Maurice Cassier et Marilena Correa, l'émission d'une licence obligatoire, comme celle du Brésil pour l'Efavirenz en mai 2007, n'est possible que parce que « le programme VIH/sida du Ministère de la santé était devenu suffisamment hégémonique pour surmonter les pressions politiques et commerciales, internes et externes »[458]. Karine Timmermans nous livre cependant une analyse différente de l'utilisation des licences obligatoires : « les licences obligatoires peuvent être utilisées, et l'ont été, pour protéger la santé publique dans les pays développés comme dans les pays en développement ; si le nombre de cas de licences obligatoires octroyées par des pays en

---

455. OMPI, *Le Rwanda et la Canada, premiers à utiliser l'exception pour considérations de santé publique de l'Accord sur les ADPIC*, Novembre 2007, consulté sur http://bit.ly/1qPIoXG le 01/08/2014

456. PNUD, Discussions paper on doha declaration, p. 19 ?

457. Benjamin Coriat & Chritina d'Almeida, « Propriété intellectuelle, deuxième ligne et accès aux traitements dans les pays du Sud », numéro spécial ANRS, *Transcriptases*, automne 2008, p. 85.

458. Cassier Maurice, Correa Marilena, « Brevets de médicament, luttes pour l'accès et intérêt public au Brésil et en Inde », *Innovations* 2/ 2010 (n° 32), p. 109-127.

développement est relativement limité, ces expériences montrent que la licence obligatoire ou l'utilisation par les pouvoirs publics peut constituer un mécanisme efficace ; une licence obligatoire, ou la menace crédible de l'octroi d'une telle licence, peut amener le titulaire d'une licence à accorder des réductions de prix »[459].

Ces différences d'analyse peuvent être interprétées en fonction de la signification que l'on donne au concept d'efficacité de l'utilisation de cette flexibilité. En effet, il est vrai que l'utilisation des licences obligatoires ou la menace d'utilisation a permis une diminution drastique des prix des antirétroviraux, mais elle est essentiellement due à la production générique dans les pays, comme l'Inde, où les médicaments n'étaient pas brevetés[460]. Mais dès lors que la production générique est contrainte par l'accord des ADPIC et que les pays à faible et moyen revenu sont menacés par les pays à haut revenu, on ne peut conclure que l'utilisation des licences obligatoires est satisfaisante pour le respect complet du droit à la santé et dispenser l'ensemble des soins nécessaires aux personnes qui en ont besoin. Elles dépendent d'une volonté politique des gouvernements des pays à faible et moyen revenu et sont utilisées avec parcimonie. Des analyses comparatives seraient néanmoins nécessaires pour comprendre les conditions d'utilisation de cette flexibilité et pourquoi et comment des licences obligatoires ont été ou n'ont pas été utilisées.

Enfin, les licences volontaires permettent un transfert de connaissance vers les pays qui possèdent une industrie pharmaceutique, mais elles n'assurent pas un accès universel aux produits de santé en raison des prix trop élevés qui sont proposés aux pays à faible et moyen revenu et du caractère limité des propositions de licences volontaires qui ne sont pas proposées à tous les

459. Karin Timmermans, « Utilisation des flexibilités prévues dans l'accord sur les ADPIC », in : *Comment préserver l'accès aux médicaments, innovation pharmaceutique et santé publique,* Carlos M. Correa et German Velasquez (dir.), l'Harmattan, 2010, p.86

460. Benjamin Coriat et Fabienne Orsi, « Brevets pharmaceutiques, génériques et santé publique. Le cas de l'accès aux traitements antirétroviraux », *Économie publique*, n°12, 2003,

pays[461]. De plus, l'acquisition des techniques pharmacologiques par les pays « copieurs » provient de l'ingénierie inversée qui permet de déconstruire le mécanisme de production chimique. Cette technique a été légitimée par l'exception dite Bolar (possibilité de fabriquer des génériques avant la fin du brevet) et la décision de la Cour suprême de Rio de Janeiro de 1999 qui donnait l'autorisation à la Fondation Oswaldo Cruz et son laboratoire public Far-Manguinhos de découvrir les formules de deux ARV pour pouvoir ensuite négocier fermement avec les laboratoires pharmaceutiques une réduction des prix[462].

Vingt ans après l'accord des ADPIC

En 2014, le rapport Onusida[463] annonce qu'il est possible d'éradiquer l'épidémie de sida d'ici 2030. Des spécialistes ont convenu que la fin du sida signifie que sa propagation a été contrôlée jusqu'à devenir d'une importance marginale. Il faudra pour cela accroître les capacités de prévention, de traitement, d'implication des communautés et réduire les stigmatisations et discriminations afin de permettre une mise à l'échelle globale d'ici 2020. Le rapport fixe les nouvelles cibles pour 2030, zéro nouvelle infection VIH, zéro discrimination et zéro mort due au VIH qui se traduisent par l'élimination de l'infection verticale du VIH et des politiques répressives et stigmatisant les personnes vivant avec le VIH.

En Octobre 2010, des experts sur l'accès aux médicaments se sont réunis à Genève en vertu de la résolution 12/24 du Conseil des Droits de l'Homme[464]. Anand Grover qui ouvre la séance rappelle que :

---

461. Hepcoalition, *Pills cost pennies, greed cost lives*, TAG, 2014, p. 4.

462. Affaire qui sera portée devant l'OMC en 2000 et qui aboutira à la déclaration de Doha.

463. ONUSIDA, *The Gap Report*, 2014, 422 pages.

464. Rapport du rapporteur spécial sur le droit qu'à toute personne de jouir du meilleur état de santé physique et mentale possible, Consultation d'experts sur l'accès aux médicaments considéré comme un élément fondamental du

• près d'un tiers de la population mondiale n'a toujours pas accès aux médicaments de manière permanente,

• plus de 100 millions de personnes s'enfoncent chaque année dans la pauvreté à cause du coût élevé des prestations de santé et notamment des médicaments,

• dans les PED, 50 à 90 % du cout des médicaments est à la charge des patients et ils représentent 20 à 60 % du budget de la santé,

• le taux médian de couverture par une assurance maladie est de 35 % en Amérique latine, de 10 % en Asie et de moins de 8 % en Afrique.

Pour lui, « l'Accord de l'OMC sur les aspects des droits de propriété intellectuelle qui touchent au commerce (ADPIC), ou du moins son application par certains Etats, restait un obstacle à un meilleur accès aux médicaments. Il a noté que les pays à haut revenu font pression sur les pays les moins avancés et les pays en développement pour qu'ils s'abstiennent de tirer parti des flexibilités prévues par l'Accord sur les ADPIC et il a mis en garde contre les nouvelles normes adoptées dans le domaine du droit des brevets, notamment les accords de libre échange comme les ADPIC-plus »[465]. Il constate une diminution des financements internationaux et nationaux alloués à la production de médicament et déplore l'absence de transfert de technologie. Il souligne que dans le cadre de la lutte contre le sida, la production de médicaments génériques par les pays à faible et moyen revenu a été déterminante pour favoriser la baisse des prix. Pour le docteur Hans Hogerzeil[466], l'accès aux médicaments basé sur la liste des médicaments essentiels de l'OMS, est possible dans le cadre actuel si les Etats déterminent une règlementation des prix et introduisent une politique du générique pour favoriser la concurrence. Certains représentants de pays à haut revenu ont répliqué, tout en soulignant l'importance d'un système de santé,

droit à la santé, A/HRC/17/43, Conseil des droits de l'homme, 17ème session, mars 2011.

465. Ibid. p. 4.

466. Ibid.

« qu'il fallait veiller à ce que la notion de droit aux médicaments ne serve pas de prétexte pour affaiblir les droits de propriété intellectuelle »[467]. Les représentants des pays à faible et moyen revenu ont quant à eux souligné qu'ils « n'avaient tout simplement pas les moyens d'assurer un accès garanti aux médicaments, cela parce que les brevets - imposés par les sociétés pharmaceutiques et les pays développés - en majorent le prix» [468]. Ils n'ont alors ni les moyens pour financer des médicaments brevetés, ni les droits d'utiliser les connaissances brevetées pour produire des médicaments génériques. Certains représentants ont exprimé la responsabilité des entreprises pharmaceutiques qui ne sont pas « réellement incitées à défendre les droits de l'Homme »[469].

Après avoir débattu sur les obstacles existants à l'accès aux traitements, le groupe d'expert a fait part de ses inquiétudes et rejoint les déclarations du rapporteur spécial Anand Grover. Il souligne l'existence d'un cercle vicieux qui oblige les pays pauvres à payer au prix fort des technologies développées par les pays riches en l'absence d'un transfert technologique. « Il suffirait pourtant que s'instaure une coopération mondiale en faveur de l'investissement dans la recherche et la technologie dans les pays pauvres »[470]. On peut donc conclure que vingt ans après la ratification du traité des ADPIC, les Etats et l'organisation internationale mise en place ne garantissent pas l'accès aux médicaments pour tous. Cependant, les résolutions prises montrent qu'une mobilisation internationale existe, malgré les variations qu'elle subit et le très faible leadeurship politique porté sur la question. L'émission des licences obligatoires s'accompagne de menace de retrait ou de diminution des investissements économiques, d'inscription sur la liste 301 des pays à surveiller par l'autorité du commerce étatsunienne ou de pressions bilatérales[471] à défaut de réelles initiatives multilatérales. La R&D est toujours insuf-

467. Ibid.

468. Ibid. p.11

469. Ibid. p. 13

470. Ibid. p. 8

471. Richard D. Smith, Carlos Correa et Cecilia Oh, « Trade, TRIPS and pharmaceuticals », *The Lancet*, 2009. pp. 684 - 691.

fisante pour les maladies négligées. Bernard Pécoul[472], directeur de Drugs for Neglected Diseases initiative (DNDi), explique qu'entre 2000 et 2011, 3,8 % des médicaments ont été produits pour les maladies négligées qui représentent 10,5 % de la charge de mortalité globale. Pour lui, une recherche et un développement durable doit être fondée sur trois piliers fondamentaux : une nouvelle organisation de la propriété intellectuelle (basée sur l'open source innovation, l'amélioration de l'accès à l'existant, partage des innovations et un accès équitable et universel), la levée des obstacles règlementaires (renforcement de la collaboration des autorités sanitaires, développement de nouvelles entités chimiques en fonction des besoins des PED), et des financements innovants et durables pour les maladies négligées comme la taxe sur les transactions financières.

Malgré ces constats accablants pour les responsables politiques, l'OMC, l'OMS et le WIPO[473] ne démordent pas du cadre de référence posé par les ADPIC, de l'utilisation des brevets pour favoriser l'innovation pharmaceutique et de la stratégie des prix différenciés qui, accompagnés de réformes structurelles, doit répondre à la question de l'accès aux médicaments. Mais un nouveau groupe d'expert est convoqué en 2010[474] et remet son rapport en 2012[475]. Grâce à différents critères définis[476], il ana-

472. Pécoul B., Chirac P., Trouiller P., Pinel J., « Access to essential drugs in poor countries: a lost battle ? », *Journal of the American Medical Association*, 281, 1999,

473. WTO, WHO, WIPO, *Promoting Access to Medical Technologies and Innovation*, 2013, 259 pages.

474. WHO resolution WHA63.28, *Establishment of a consultative expert working group on research and development: financing and coordination*, 2010.

475. WHO, *Research and Development to Meet Health Needs in Developing Countries: Strengthening Global Financing and Coordination, Report of the Consultative Expert Working Group on Research and Development: Financing and Coordination*, 2012, 226 pages.

476. Les critères définis couvrent les perspectives suivantes : impact sur la santé publique, efficience, rapport coût/efficacité, faisabilité technique, faisabilité financière, propriété intellectuelle versus accès aux produits de santé, découplage des coûts de R&D des coûts de production, accès aux produits de

lyse les propositions émises par le précédent groupe d'experts et issues d'une consultation publique. Les solutions retenues sont la création d'un cadre global par un traité international sur la R&D en complément du système ADPIC, l'utilisation des approches ouvertes et libres de recherche et développement, l'utilisation de fonds financiers communs dont les productions ne seraient pas protégées (selon la proposition du Third World Netword) et de patent pool (sur le modèle du Medecines Patent Pool dirigé par UNITAID), l'investissement direct dans des petites et moyennes entreprises des pays à faible et moyen revenu accompagné d'un transfert de technologies et d'un renforcement de compétences, et enfin l'utilisation de prix récompense. Ces propositions ont été pensées afin de subvenir aux difficultés engendrées par le système des ADPIC. En mai 2012, l'Assemblée mondiale de la santé prend acte du rapport d'experts et demande aux Etats membres d'analyser les recommandations du groupe d'expert, dont la proposition de création d'un traité international[477]. Il convient alors de les mettre en perspective dans notre conclusion.

---

santé, gouvernance et responsabilité et renforcement des compétences.

477. OMS, *Suivi du rapport du groupe de travail d'experts sur le financement et la coordination de la recherche-développement*, 65e Assemblée mondiale de la santé, 26 mai 2012, WHA65.22.

ÉVOLUTION DE L'ACCÈS AUX TRAITEMENTS DANS LA SITUATION DU VIH ET DU VHC

Nous avions vu dans la première partie que l'accès universel aux produits de santé est régi par plusieurs déterminants : l'accessibilité médicale, l'accessibilité économique, l'acceptabilité, la disponibilité. Mais comme nous venons de le voir dans cette deuxième partie, l'accès universel aux produits de santé est aussi décidé par des déterminants :

- Sociaux : la mobilisation de certains groupes pour la reconnaissance de leurs modes de vie, de l'exercice de leurs droits, la mise en place d'action de prévention et d'information favorisent l'émergence d'un contexte politique favorable au changement de paradigme et d'action.
- Socioculturels : les représentations sociales attachées aux maladies, aux malades ou à leurs pratiques déterminent une partie de la stigmatisation et discrimination sociale.
- Politiques : l'accès aux médicaments essentiels nécessite une mobilisation des dirigeants politique, une fenêtre d'opportunité, une inscription à l'agenda politique, diplomatique et/ou législatif afin de permettre une décriminalisation des pratiques.

La lutte contre le sida s'est concentrée sur la compétition générique pour favoriser l'accès aux médicaments et a réussi à recadrer l'accord des ADPIC dans le respect du droit à la santé. Mais la production de médicaments génériques a subi de fortes contraintes avec l'application de l'accord dans les pays à faible et moyen revenu et notamment en Inde. L'analyse de la situation de l'hépatite C nous permet de constater que la question de l'accès aux traitements n'est pas uniquement restreinte au sida et questionne ainsi la globalité du système qui a été mis en place pour l'ensemble des médicaments innovants produits après 2005. Si l'augmentation des prix des médicaments est controversée, les industries pharmaceutiques sont libres de fixer les prix qu'elles désirent sans déclarer les couts de recherche et de développement dans un principe de transparence. Une libre utilisation des flexibilités ADPIC pourraient permettre une compétition générique mais les menaces des pays à haut revenu et de l'industrie pharmaceutique limitent gravement leur emploi. Ainsi, l'accès aux traitements est impossible dans un référentiel néolibéral qui favorise la recherche du profit financier plutôt que le respect des droits humains. Les Etats sont responsables du respect du droit à la santé et doivent mettre en oeuvre des systèmes de santé public performant qui répondent aux besoins des populations. Mais cela n'est pas suffisant. Ils doivent aussi agir en faveur d'une transformation des représentations collectives et décriminaliser ainsi certains pratiques qui sont aujourd'hui stigmatisées.

RÉSISTER
RESPONSABILISER
ANTICIPER

« A bien des égards, les réponses du secteur de la santé à l'évolution du monde ont été inadéquates et naïves. Inadéquates, car elles sont non seulement incapables d'anticiper, mais aussi d'apporter des solutions appropriées : trop souvent avec trop peu, trop tard ou avec trop et pas là où il le faudrait. Naïves, car les carences du système exigent une solution d'ensemble, pas un rafistolage »[478].

L'Organisation Mondiale de la Santé

---

478. OMS, *Les soins de santé primaires, maintenant plus que jamais*, Rapport sur la santé dans le monde, 2008, p.XIII

Lors de l'analyse des premières statistiques relatives au champ pharmaceutique, nous avions questionné la réussite de l'Accord des ADPIC pour assurer la promotion de l'innovation technologique et le transfert de connaissances dans la perspective d'assurer le bien-être social et économique. Au fur et à mesure de notre exposé, nous avons identifié l'Accord des ADPIC comme un outil de puissance structurel au service des Etats-Unis d'Amérique qui souhaitait contrôler le savoir en plus de la sécurité, de la production et de la finance, afin d'asseoir leur vision du monde et les règles qui le dirigeraient. Dans un référentiel néolibéral, les forces du marché libre échangiste sont alors définies comme les bases du développement. Mais finalement, les industries pharmaceutiques des pays à haut revenu et de certains pays à faible et moyen revenu se sont construites dans la résistance à ce cadre de pensée et d'action que voulaient imposer les Etats-Unis. L'inclusion des ADPIC dans les négociations internationales du GATT symbolise alors l'interdiction pour les pays à faible et moyen revenu de concurrencer les multinationales du médicament et de restreindre leurs parts de marché et les profits conséquents. Elle signe la poursuite du Consensus de Washington par d'autres moyens que les plans d'ajustement structurel.

Vingt ans après la ratification de l'Accord des ADPIC, l'industrie pharmaceutique est un des domaines économiques les plus prospères. Les profits financiers sont vertigineux et les actionnaires vivement récompensés même en cas de résultat négatif d'activité. Le droit à la santé quant à lui est loin d'être effectif. En 2010, près d'un tiers de la population mondiale n'a pas encore accès aux médicaments essentiels. Plus de 100 millions de personnes s'enfoncent chaque année dans la pauvreté à cause du coût élevé des prestations de santé et notamment des médicaments. Dans les PED, 50 à 90 % du coût des médicaments est à la charge des patients et ils représentent 20 à 60 % du budget de la santé. Et le taux médian de couverture par une assurance maladie est de 35 % en Amérique latine, de 10 % en Asie et de moins de

8 % en Afrique[479]. Dans la situation du sida, 24 % des enfants séropositifs n'ont pas accès aux traitements et deux tiers des adultes vivant avec le VIH/sida n'ont pas accès aux traitements, alors qu'en 2005 les dirigeants du G8 fixaient l'accès universel au traitement anti-VIH pour 2010. Les politiques néolibérales ont donc donné la priorité aux profits financiers sur le droit à la vie.

L'accès aux médicaments essentiels n'est pas uniquement déterminé par le prix mais aussi par un processus rationnel de sélection de médicaments, un financement adéquat et durable, des systèmes d'approvisionnement fiables[480] et une décriminalisation des pratiques hors normes. L'OMS a depuis longtemps (1977) fourni un cadre politique pour aider les Etats dans le développement de leur politique de santé. Associés des programmes de prévention primaire et de promotion de la santé, les concepts de politique pharmaceutique et de liste nationale de médicaments essentiels peuvent répondre aux besoins de santé publique[481]. La majorité des Etats ont adopté une liste nationale de médicaments[482] mais ce n'est pas suffisant pour assurer l'accès aux

479. Rapport du rapporteur spécial sur le droit qu'a toute personne de jouir du meilleur état de santé physique et mentale possible, Consultation d'experts sur l'accès aux médicaments considéré comme un élément fondamental du droit à la santé, A/HRC/17/43, Conseil des droits de l'Homme, 17ème session, mars 2011.

480. Dupont Margaux, « Les politiques d'accès aux soins de l'industrie pharmaceutique dans les pays du sud : outil de communication ou véritable engagement ? », in : Dominique Kerouaedan (dir.), *Santé internationale. Les enjeux de santé au Sud*, Sciences Po les Presses, 2011, p. 304.

481. Bruneton Carinne, « Politique des médicaments et bonne gouvernance pharmaceutique », in : Dominique Kerouaedan (dir.), *Santé internationale. Les enjeux de santé au Sud,* Sciences Po les Presses, 2011, p. 294.

482. En 2007, on notait 42 pays sur 42 en Afrique, 25/31 en Amérique, 13/15 en Méditerranée orientale, 27/36 en Europe, 6/6 en Asie du Sud Est et 21/25 dans le Pacifique occidental, cf. Bruneton Carinne, « Politique des médicaments et bonne gouvernance pharmaceutique », in : *Santé internationale. Les enjeux de santé au Sud*, Dominique Kerouaedan (dir.), Sciences Po les Presses, 2011, p. 296.

traitements. Nous l'avons vu avec la situation du sida, les politiques qui stigmatisent et criminalisent les pratiques déviantes de l'ordre établi ne favorisent pas l'accès aux soins de santé pour les populations marginalisées. Trop souvent ciblés sur les soins curatifs, les systèmes de santé doivent aussi assurer la prévention et l'éducation à la santé.

Dans un cadre néolibéral, la recherche et le développement pharmaceutique nécessitent des marchés solvables pour répondre aux besoins financiers des industries. Les maladies dites de type III, qui n'affectent que les populations des pays à faible et moyen revenu, sont alors évincées des programmes de recherche. Les maladies de type II, qui concernent l'ensemble de l'humanité, sont comprises dans les programmes de recherche mais comme nous l'avons vu avec la situation de l'hépatite C, les prix imposés par les industries pharmaceutiques rendent l'accès impossible sans une couverture sanitaire universelle. Mais même avec des systèmes d'assurance maladie, les pays à haut revenu ne peuvent payer les prix imposés par l'industrie. Une réforme des politiques publiques est aussi nécessaire afin d'intégrer la complexité du monde dans le processus de décision public. La santé est généralement mal traitée, incomprise par les autres domaines politiques et notamment par les politiques économiques.

Le constat est donc posé : le système actuel construit sur l'Accord des ADPIC est un échec pour assurer l'accès universel aux produits de santé. Il n'a pas réussi à réaliser le transfert de connaissances nécessaires aux pays du Sud pour qu'ils développent leurs propres industries en fonction de leurs besoins. Et il ne permet pas non plus l'accès universel aux médicaments par la stratégie des prix différenciés. Pour la plupart des personnes avec lesquelles nous nous sommes entretenus, la formule de Mireille Delmas Marty, « Résister, Responsabiliser, Anticiper »[483], pourrait tout à fait convenir pour résumer la situation de l'accès aux médicaments. Il serait alors nécessaire de :

483. Delmas-Marty Mireille, *Résister, responsabiliser, anticiper*, le Seuil, 2013, 196 pages.

- Résister à la déshumanisation des accords régissant le commerce international et promouvoir l'accès aux traitements par l'utilisation des flexibilités ADPIC.
- Responsabiliser les titulaires de pouvoir pour promouvoir l'échec de conciliation du droit à la santé et des droits de propriété intellectuelle.
- Et enfin anticiper sur les risques à venir en continuant la réflexion entamée sur la recherche et développement.

Pour Michel Kazatchkine[484], rapporteur spécial des Nations Unies sur le VIH/sida en Europe orientale et en Asie centrale, il y a maintenant quatre solutions. Il partage l'analyse de Rohit Malpani directeur de MSF Access Campaign[485] même s'ils n'ont pas les mêmes priorités. Premièrement, continuer comme avant et utiliser tous les outils existants pour favoriser l'accès aux traitements (stratégies des prix différenciés, licence obligatoire, patent pool, etc.). Mais comme nous venons de le démontrer, les aménagements à la marge de l'Accord des ADPIC autorisés par la Déclaration de Doha ne sont pas suffisants pour régler le problème. D'une part, les pays à haut revenu cherchent à travers les traités de libre-échange à restreindre l'utilisation des flexibilités autorisées par l'Accord des ADPIC. Et d'autre part, s'ils utilisent ces flexibilités, ils peuvent être soumis à des représailles unilatérales de la part des pays à haut revenu ou des industries pharmaceutiques.

---

484. Entretien avec Michel Kazatchkine le 11 juillet 2014.

485. Nous n'avons pas eu l'autorisation d'enregistrer l'entretien avec Rohit Malpani. Néanmoins, ils postulent trois voies différentes dans la lutte pour l'accès aux médicaments. Premièrement, l'utilisation de l'opposition aux brevets, des licences volontaires et du patent pool pour fournir les médicaments nécessaires aux opérations médicales. Deuxièmement, une assistance technique pour les Etats afin qu'ils soient en mesure d'utiliser les flexibilités ADPIC. Et troisièmement, le développement d'un nouveau modèle de recherche et développement. MSF se distingue par ses importantes opérations médicales sur le terrain et par la nécessité d'acheter des médicaments en quantité.

Deuxièmement, nous pourrions toujours rester dans le cadre néolibéral de l'Accord des ADPIC et répondre aux demandes des industries pharmaceutiques en leur fournissant les moyens financiers qu'ils désirent. On pourrait alors imaginer un fonds mondial pour la recherche et le développement associé à un traité international pour coordonner et financer la recherche et le développement. Cette solution permettrait d'orienter la recherche et le développement pharmaceutique en fonction des besoins en santé publique, mais il faudrait accepter que les financements déployés servent en grande partie à assurer les fonctions marketing et commerciales et à rémunérer les actionnaires.

Troisièmement, toujours dans le cadre néolibéral, on pourrait imaginer que les pays à faible et moyen revenu utilisent leurs croissances économiques afin d'assurer la solvabilité de leurs marchés pharmaceutiques par la mise en place d'une couverture sanitaire universelle. Associées à des réformes politiques (contrôle des prix des médicaments, fin de la stigmatisation et de la criminalisation, réforme des politiques publiques et achèvement du déploiement des structures sanitaires), ces deux dernières solutions permettraient alors de résoudre les problèmes d'accessibilités médicale et économique et rendraient ainsi universel l'accès aux produits de santé. Néanmoins, d'une part, les crises que connaissent aujourd'hui les pays à haut revenu ne semblent pas favoriser l'émergence d'une mobilisation financière internationale. Ensuite, les pays à faible et moyen revenu ont une forte tendance à utiliser la croissance d'une manière qui enrichit les plus riches au détriment de la construction de systèmes de solidarité. Et d'autre part, en considérant la déroute de la taxe sur les transactions financières[486], la mise en place de nouveaux mécanismes financiers innovants ne parait pas non plus être inscrite à l'agenda politique.

La quatrième solution se veut plus radicale mais aussi plus cohérente avec le monde d'aujourd'hui. Pour Michel Kazatchkine, les aménagements accordés jusqu'ici n'ont rien changé aux don-

486. Mediapart, *La France enterre la taxe sur les transactions financières*, publié le 11 juillet 2013, consulté le 25/08/2014 sur http://bit.ly/1ttaqZE

nées du problème qui se résument simplement à un conflit fondamental entre les droits de l'Homme, dont le droit à la santé, et les droits de propriété intellectuelle. « Je fais partie des gens qui pensent qu'il faut reprendre les choses à zéro et que le monde regarde en face ses contradictions et fasse un choix », disait-il en entretien. En effet, après avoir analysé le système mis en place par les ADPIC, on ne peut que constater les contradictions du système qui a pour objectif d'assurer le bien-être social mais qui n'assure finalement que les profits financiers des industries.

Malheureusement, les gens de notre époque font preuve d'une véritable cécité intellectuelle, pour reprendre l'expression d'Isabelle Andrieux Meyer[487], et sont capables de nier l'évidence de la réalité. Pourtant force est de constater que le référentiel des droits humains est aujourd'hui dominé par le référentiel néolibéral qui vise avant tout à satisfaire les besoins cupides de quelques humains. Kenneth Arrow nous prévenait pourtant de l'impossibilité d'une prise en charge optimale de la production de la connaissance par le marché. S'il recommandait la mise en place d'incitations fortes pour empêcher un sous régime de production de connaissances, nous avons vu par l'analyse de l'évolution du modèle économique de l'industrie pharmaceutique que les brevets ne suffisent pas à encourager une recherche pharmaceutique optimale répondant aux besoins de santé publique ; et qu'ils entravent en plus l'accès aux médicaments. L'accès aux médicaments dans un référentiel néolibéral est donc impossible.

Il convient donc de qualifier l'accès aux médicaments dans le cadre du référentiel des droits humains. Si l'on poursuit la déclaration universelle des droits de l'Homme, toute personne a le droit de bénéficier des progrès scientifiques selon l'article 27. Si l'on suit la discipline philosophique kantienne comme le fait Mireille Delmas Marty[488], les droits de l'Homme ne peuvent être compris comme une valeur marchande de par leur essence universelle et

---

487. Entretien avec Isabelle Andrieux Meyer, référente VHC et VIH pour MSF Access Campaign, le 20 mai 2014.

488. Mireille Delmas Marty, *Les forces imaginaires du droit : Tome I, Le relatif et l'universel,* coll. La couleur des idées, Paris, Ed. du Seuil, 2004, p. 147.

leur valeur absolue. Si l'on prend la pensée économique pour référence et la théorie de Samuelson, comme le propose l'OMC, l'OMS et le WIPO[489], on pourrait qualifier la connaissance, et par prolongement l'accès aux médicaments, selon la catégorie des biens publics car elle répond au principe de non exclusivité et de non rivalité. En considérant que la santé doit être comprise par une approche transnationale, on peut alors qualifier l'accès aux médicaments comme un bien public mondial faisant ainsi parti de « l'ensemble des biens accessibles à tous les Etats qui n'ont pas forcément un intérêt individuel à le produire »[490] pour retenir la définition de Kindleberger.

Néanmoins, la notion de bien suscite d'intenses débats, puisque les juristes considèrent un bien comme une chose alors que les politistes ou les philosophes se réfèrent au bien comme valeur éthique. Il en est de même pour le mot public car il n'existe pas d'Etat au niveau mondial. Quelle institution doit donc gérer l'accès aux médicaments ? Ne faudrait-il pas non plus repenser la notion d'Etat lorsque les questions de souveraineté sont bousculées par l'interdépendance qui qualifie le monde contemporain ? Pour Mireille Delmas Marty[491], sans Etat mondial, les médicaments sont des biens communs qui doivent être gérés par une communauté, et en l'occurrence la communauté des Etats. Mais les biens communs sont aussi au centre du débat de la tragédie des communs qui dépériraient en raison d'une sur consommation, alors que les anti communs, les médicaments dans le régime actuel par exemple, seraient sous consommés dès lors que leur usage est réservé à leur propriétaire.

---

489. WHO, WTO & WIPO, *Promoting Access to Medical Technologies and Innovation*, 2013, p. 86.

490. Bruno Boidin, David Hiez et Sandrine Rousseau, « Biens communs, biens publics mondiaux et propriété. Introduction au dossier » , *Développement durable et territoires*, Dossier 10, 2008, p. 5.

491. Mireille Delmas Marty, *Les capacités humaines : santé et accès aux médicaments*, Cours au Collège de France consulté sur http://bit.ly/1tUQ1sW

Ces quelques phrases démontrent les difficultés actuelles d'une réflexion cadrée dans un référentiel des droits humains, et notamment sur le concept de bien public mondial, ainsi que le travail qui est nécessaire pour repenser l'action collective internationale. Afin de ne pas bloquer notre réflexion, nous faisons le choix de considérer l'approcher politique des biens publics mondiaux qui postule que ces derniers découlent des droits fondamentaux. Mais dans ce cas, c'est cette fois-ci Boidin, Hiez et Rousseau qui nous préviennent que cette catégorie pose quelques difficultés : une difficulté institutionnelle car « les rapports de force et les divergences d'intérêts ou de visions entre les acteurs qui interviennent dans la fourniture de ces différents biens ne sont pas ou peu abordés »[492] ; et une difficulté éthique d'autre part, pour savoir s'il faut privilégier l'équité ou l'efficience économique.

Dans notre situation de l'accès aux médicaments, les rapports de force ont été identifiés entre les différents acteurs internationaux et on peut considérer que la santé des populations n'en est pas bénéficiaire. Les Etats se placent dans une logique de compétitivité internationale, utilisent les droits de propriété intellectuelle comme outils de puissance structurelle et transgressent la philosophie onusienne en manipulant les agences internationales à leurs profits. Dans ce cadre, l'industrie pharmaceutique est assimilée à n'importe quel domaine économique et a autant de valeur que l'industrie automobile par exemple dans la compétition internationale. On a donc d'un côté des industries qui souhaitent préserver leur capacité de profit financier, soutenues par des Etats qui se concurrencent dans un jeu classique de puissance économique. Et de l'autre côté, les populations qui n'ont aucun recours pour s'assurer du respect de leur droit à la santé. Il est donc clair que sortir la question de l'accès aux médicaments des logiques du marché n'est ni de l'intérêt des industries pharmaceutiques dont les actionnaires perdraient de faramineux profits, ni de l'intérêt des Etats qui perdraient un champ de pouvoir dans la compétition économique internationale.

492. Ibid.

En ce qui concerne la question éthique, si l'on se place dans un référentiel des droits humains, et notamment grâce à l'approche par les droits et les capacités, il nous semble évident que toute personne doit pouvoir accéder aux médicaments et non uniquement ceux ayant atteint un stade avancé d'une maladie, ou ceux qui ont les moyens de s'offrir des soins tant vitaux. Nous considérons alors la conception post welfariste[493] de la justice qui définit l'équité comme un principe de rétablissement d'égales capacités entre les humains et que des aides collectives sont nécessaires pour compenser les inégalités naturelles et sociales. Ainsi, l'accès aux médicaments est un élément essentiel pour résoudre les inégalités entre les humains et il doit être assuré par la collectivité. L'approche par les droits humains associe les droits fondamentaux aux biens publics mondiaux[494] et permet ainsi une hiérarchisation du droit. Le comité des droits économiques, sociaux et culturels semble avoir confirmé cette hiérarchie.

> « Fondamentaux, inaliénables et universels, les droits de l'Homme appartiennent à tous les individus et, dans certaines circonstances, à des groupes d'individus et à des communautés. Les droits de l'Homme sont des droits fondamentaux, dans la mesure où ils sont inhérents à la personne en tant que telle, alors que les droits de propriété intellectuelle sont instrumentaux, en ce qu'ils sont des moyens – les moyens dont les États peuvent se servir pour promouvoir l'esprit d'innovation et de créativité, encourager la diffusion de productions créatives et innovantes, ainsi que le développement d'identités culturelles, et préserver l'intégrité des productions scientifiques, littéraires et artistiques, dans l'intérêt de la société dans son ensemble » [495].

493. Amartya Sen, *L'idée de justice*, Flammarion, 2010, 558 pages.

494. Ce parallélisme pose des problèmes à l'approche juridique qui ne peut qualifier la santé comme un bien car cette notion est attachée au concept de propriété. Il réside ici une polémique qui semble irrésoluble.

495. Comité des droits économiques, sociaux et culturels, *Le droit de chacun de bénéficier de la protection des intérêts moraux et matériels découlant de toute production scientifique, littéraire ou artistique dont il est l'auteur*, obser-

Les droits de propriété intellectuelle n'ayant pas réussi à satisfaire le droit d'accéder aux médicaments, il nous faut désormais tenter de dessiner de nouveaux moyens dans le cadre du référentiel des droits humains. Pour Michel Kazatchkine, la priorité aujourd'hui est de réunir un haut panel d'experts pour constater l'échec de la conciliation des droits de propriété et du droit à la santé. Les droits de propriété intellectuelle n'étant qu'un moyen pour assurer le fonctionnement du marché pharmaceutique, ils doivent être substitués à d'autres modes d'incitations qui assureraient cette fois le respect de l'accès aux médicaments. Le droit à la santé est fondamental et inhérent à la personne humaine. Son respect est donc prioritaire sur les droits de propriété intellectuelle. Le droit à la santé est une responsabilité des Etats. L'accès aux médicaments ne doit donc pas être décidé par les industries pharmaceutiques. C'est pourquoi le projet de directives de responsabilités sociétales et environnementales du rapporteur spécial à la santé n'est pas suffisant. Certes, les industries doivent être responsabilisées et agir dans le respect des droits humains mais le droit à la santé n'est pas de leur responsabilité. Si l'on considère que les médicaments sont un bien public mondial, la coordination de la recherche et du développement doit être assumée par les Nations Unies et notamment par l'OMS. L'article 19 de la constitution de l'OMS lui permet notamment d'adopter de nouvelle convention si la majorité des deux tiers de l'Assemblée mondiale de la santé est réunie. Néanmoins, nous avons constaté que la complexité du champ de la santé nécessite une gouvernance transdisciplinaire et transnationale qui implique l'ensemble du champ politique. Un travail collaboratif entre les différents acteurs du champ pharmaceutique (agences onusiennes, Etats, sociétés civiles, industries pharmaceutiques) est alors nécessaire pour répondre aux besoins de santé publique. Les modalités de cette gouvernance doivent être négociées entre les différentes parties concernées par la question de l'accès aux traitements.

---

vation générale n°17, 2005, E/C.12/GC/17, p. 2.

Comme il l'a déjà été proposé, un traité international sur la recherche et le développement pourrait être un moyen efficace de coordonner la recherche et son financement en fonction des besoins en santé publique de l'humanité et en priorité des pays à faible et moyen revenu dont les besoins sont les plus importants. Anand Grover, rapporteur spécial du droit à la santé, considère que le traité servirait exclusivement pour les maladies négligées et serait juxtaposé en complément à l'Accord des ADPIC. Mais cela signifierait que l'accès aux médicaments resterait intégré au référentiel néolibéral et que, par conséquent, les droits de propriété intellectuelle primeraient sur l'accès aux médicaments pour les maladies de type I et II. L'étude de la situation du VIH et du VHC nous a permis de constater que l'accord des ADPIC ne répondait pas uniquement à ses objectifs pour les maladies de type III. Aussi, cela n'assurerait pas une bonne utilisation de l'argent public donné à des fins de recherche et de développement médical et non pour des dépenses marketing ou commerciale, ou encore pour rémunérer les actionnaires. Nous considérons alors qu'il est indispensable de changer de référentiel afin que les droits humains soient pris comme référence pour définir le développement. Par contre, il n'est ici question que de l'accès aux médicaments. Les conséquences des ADPIC sur l'ensemble des autres champs n'ayant pas été établies, nous ne recommandons que la sortie du champ pharmaceutique de l'Accord des ADPIC. Cette procédure peut simplement être effectuée par une exclusion générale des produits de santé du domaine de brevetabilité par tous les Etats. Cependant, la transition énergétique nécessaire pour répondre à la crise environnementale va aussi nécessiter d'importants transferts de technologie. Une libre utilisation de ces technologies bénéficierait alors au monde entier.

Le projet de traité international soumis en 2005 par CP Tech propose une conception[496] de la recherche et du développement qui pourrait permettre une transition intéressante vers un nouveau modèle de société. La recherche et le développement sont en effet considérés comme un bien public ouvert dont les résultats seraient libres et accessibles gratuitement à tous. Basé sur

496. Partagée par Anand Grover et le Third World Network.

une perspective issue du monde libre informatique (open data, open source, creative commons, ou encore logiciel libre), on pourrait imaginer quatre libertés associées à toutes données empiriques, expérimentales ou à tous résultats issus d'une recherche financée par le biais du traité international : la liberté d'utiliser ces données pour tout usage ; la liberté d'étudier les recherches précédentes et de modifier les protocoles de recherche pour l'adapter à ses besoins ; la liberté de redistribuer des copies des données ; et la liberté d'améliorer toutes recherches dans le sens du bien commun. De plus, le financement de la recherche et du développement pharmaceutique peut être une obligation intégrée au traité et être répartie de manière proportionnelle en fonction des revenus des pays. La coordination internationale permettrait aussi un découplage des coûts de recherche et développement des coûts de production qui pourrait être assurés, comme certaines recherches, par le secteur privé sous la forme d'appel d'offre en fonction des besoins des pays.

L'absence de brevet pose la question des incitations nécessaires à la production de connaissance. De ce point de vue, il serait nécessaire d'étudier le modèle du National Institute of Health américain qui est le premier institut de recherche au monde, public et qui connait des résultats importants. Pour Nathan Ford et Nicoletta Dentico[497], le modèle de recherche collaboratif du projet de génome humain qui est basé sur la conception de la connaissance comme un bien public, est aussi un modèle de recherche à suivre[498]. Un système de prix peut aussi être mis en place afin de récompenser les découvertes majeures. « Ainsi, en offrant une forte somme à la première équipe qui mettrait au point telle ou telle technique, on transfèrerait les risques financiers des équipes de recherche vers les financeurs et on libèrerait l'ex-

497. Nicoletta Dentico et Nathan Ford, *The courage to change the rules : a proposal for an essential health R&D treaty*, PloS Biology Journal, Février 2005, Volume 2, pp. 147-150.

498. Ils citent aussi the Tropical Diseases Initiative, the BioBricks project, ou the Bios Initiative.

ploitation des avancées médicales et thérapeutiques »[499], comme l'explique German Vélasquez. James Love et Tim Hubbard[500] propose un schéma simple pour comprendre comment un traité pourrait coordonner la recherche et développement. Ils considèrent plusieurs alternatives, avec ou sans brevet, mais considèrent néanmoins que le progrès dans la recherche médicale sera encouragé par la liberté des données. Le système proposé repose un découplage du financement de la R&D et de la production. Leurs idées sont le résultat de différentes concertations avec Aventis, the TransAtlantic Consumer Dialogue, the Rockfeller Foundation, Médecins sans Frontières, Oxfam, ou encore Health Action International. Dans tous les cas, chaque point doit être débattu entre les différentes parties. La fondation Rockfeller a tenu durant l'été 2014 la première conférence sur le développement d'un écosystème pharmaceutique open source[501]. Elle se base sur une conception de l'accès aux médicaments pour tous et se donne pour mission de créer un mouvement capable de développer un nouveau modèle de recherche et développement. Un courrier a été adressé à l'OMS durant la même période afin de demander son soutien sur un projet open source pour Ebola, un exemple de plus qui démontre des incapacités et des échecs du système actuel.

Dans l'introduction de cet ouvrage, nous avons longuement insisté sur la conception du développement à l'ère néolibérale. Les perspectives cognitives des sciences politiques nous amènent à penser que les sociétés fonctionnent non simplement grâce à des mécanismes issus des institutions, mais aussi et surtout des représentations collectives qui forment les stratégies et les intérêts des différents acteurs. La première étape du changement est donc une actualisation des représentations collectives sur le fonctionnement de la recherche et le développement pharmaceu-

499. German Vélasquez, *Vers une recherche sans brevets*, le Monde Diplomatique, Avril 2013, consulté sur http://bit.ly/1qzA5fw le 20/08/2014.

500. Tim Hubbard et James Love, *A new trade framework for global healthcare R&D*, PloS Biology Journal, Février 2004, Volume 2, pp. 147-150.

501. Fondation Rockfeller, *Open source pharma,* http://www.opensourcepharma.net/

tique. Nous l'avons vu tout au long de cet ouvrage, les pays à faible et moyen revenu, lorsqu'ils sont unis et cohérents, peuvent faire basculer les négociations internationales en faveur du respect du droit à la santé. Ils sont donc sans aucun doute une cible de plaidoyer prioritaire afin de soutenir la mise en place d'un nouveau référentiel basé sur les droits humains pour en finir avec le référentiel néolibéral. Les experts de l'OMS, le rapporteur spécial des Nations Unies sur le droit à la santé et la société civile ont des positions communes et soutiennent le droit à la santé, mais il semble qu'il y ait peu d'interactions entre ces différents acteurs. Evidemment, la puissance structurelle étant détenue par les Etats-Unis, et dans une moindre mesure par l'Europe, ces derniers semblent être des cibles de plaidoyer importantes afin de structurer le référentiel des droits humains. Mais au regard de la lutte contre le sida, il s'avèrera difficile de modifier le positionnement des pays à haut revenu sans une forte coalition des pays à faible et moyen revenu, soutenus par la communauté scientifique et la société civile.

Alors que la connaissance est aujourd'hui reconnue comme un des piliers du développement[502], le capitalisme se métamorphose pour la maîtriser et en faire la principale matière première économique. Il est alors certain que si elle reste concentrée aux mains de quelques uns, elle ne pourra bénéficier à l'ensemble de l'humanité et favoriser le respect des droits humains. La connaissance libérée serait un axe majeur d'une troisième révolution industrielle[503] et d'un nouveau modèle de société. Libérer la connaissance au profit des droits humains ! Voilà donc un slogan à défendre afin d'accomplir l'accès universel aux médicaments.

---

502. Haudeville Bernard et al., « Quelles articulations entre économie de la connaissance et développement ? », *Mondes en développement*, 2009/3 n° 147, p. 7-12.

503. Rifkin Jeremy, *La troisième révolution industrielle, comment le pouvoir latéral va transformer le monde*, Les liens qui libèrent, 2012, 380 pages.

BIBLIOGRAPHIE

Ouvrages

Battistella Dario, Théories des relations internationales, 3ème édition, Sciences Po les Presses, 2009, 760 pages.

Bourdieu Pierre, La misère du monde, Seuil, 2007, 1460 p.

Boussaguet Laurie et al., Dictionnaire des politiques publiques, Presses de Sciences Po Références, 2014, 776 pages.

Bréger Thomas, L'accès aux médicaments des pays en développement, enjeu d'une rénovation des politiques de développement, l'Harmattan, 2011, 752 pages.

Bruneton Carinne, « Politique des médicaments et bonne gouvernance pharmaceutique », in : Santé internationale. Les enjeux de santé au Sud, Dominique Kerouaedan (dir.), Sciences Po les Presses, 2011, p. 293-303.

Correa Carlos M. et Velasquez German (dir.), Comment préserver l'accès aux médicaments, innovation pharmaceutique et santé publique, l'Harmattan, 2010, 184 pages.

Correa Carlos, Intégration des considérations de santé publique dans la législation en matière de brevets des pays en développement, South Center, 2001, 162 Pages.

Delmas-Marty Mireille, Résister, responsabiliser, anticiper, le Seuil, 2013, 196 pages.

De Forges Jean Marie, Le droit de la santé, Presses Universitaires de France, Que sais-je ?, Paris, 2006, 128 pages.

Dupont Margaux, « Les politiques d'accès aux soins de l'industrie pharmaceutique dans les pays du sud : outil de communication ou véritable engagement ? », in : Santé internationale. Les enjeux de santé au Sud, Dominique Kerouaedan (dir.), Sciences Po les Presses, 2011, p. 303-319.

Dixneuf Marc, « Politiques globales de l'accès aux médicaments : entre tradithérapeutes et OMC », in : Santé internationale. Les enjeux de santé au Sud, Dominique Kerouaedan (dir.), Sciences Po les Presses, 2011, p. 289-293.

Faure Alain, Pollet Gilles et Warin Philippe (dir.), La construction de sens dans les politiques publiques. Débat autour de la notion de référentiel, Paris, L'Harmattan, 1995, 191 pages.

Gorz André, L'immatériel. Connaissance, valeur et capital, Galilée, 2003, 152 pages.

Grmek Mirko D. , Histoire du sida : début et origine d'une pandémie actuelle, Médecine et sociétés Payot, 1990, 492 pages

Kerouedan Dominique, Géopolitique de la santé mondiale, Leçons inaugurales au Collège de France, Collège de France / Fayard, 2013, 88 pages.

Moatti Jean-Paul, Coriat Benjamin, Souteyrand Yves, Barnet Tony, Dumoulin Jerome, Flori Yves-Antoine (dir.), Economics of AIDS and access to HIV/AIDS car in developing countries, Editions ANRS, 2003, 478 pages.

Morin Edgar, Introduction à la pensée complexe, Seuil, 2005, 158 p.

Morin Edgar, La méthode, Seuil, 2008, 2462 pages.

Possas Christine & Larouzé Bernard (dir.), Accès aux antirétroviraux dans les pays du Sud, Editions ANRS, Paris, 2013, 272 pages.

Pour en finir avec les riches (et les pauvres), Mouvements n°64, 2010, La Découverte, 182 pages.

Pignard Philippe, Le grand secret de l'industrie pharmaceutique, La Découverte, 2003, 172 pages.

Piketty Thomas, Le capital au XXIème siècle, Le Seuil, 970 pages.

Rifkin Jeremy, La troisième révolution industrielle, comment le pouvoir latéral va transformer le monde, Les liens qui libèrent, 2012, 380 pages.

Rist Gilbert, Le développement. Histoire d'une croyance occidentale, 3è édition revue et augmentée, Presses de Sciences Po, 2007, 512 pages.

Sen Armatya, Un nouveau modèle de développement économique, Odile Jacob, 2003, 368 pages.

Sen Amartya, L'idée de justice, Flammarion, 2010, 558 pages.

Schumpeter Joseph, Capitalisme, socialisme et démocratie, Payot, 1990, 417 pages.

Supiot Alain, L'esprit de Philadelphie, la justice sociale face au marché total, Seuil, 2010, 178 pages.

Stiglitz Joseph, La grande désillusion, Le livre de poche, 2003, 407 pages.

German Velasquez, Le droit à la santé et aux médicaments : le cas de la récente négociation sur la stratégie mondiale sur la santé publique, l'innovation et la propriété intellectuelle, South Center, 2011, 83 pages.

Articles scientifiques

Base de données de l'OMPI, consultée le 19 juillet 2014.

Base de données OMS, consultée le 15 juillet 2014.

Benkimoun Paul, « L'impact de l'innovation en médecine », Les Tribunes de la santé 1/ 2004 (n°2), p. 15-26

Brennan T. and Shrank W., « New Expensive Treatments for Hepatitis C Infection », JAMA, 2014, p. 593-594.

Bruggmann P. and Litwin AH., « Models of care for the management of hepatitis C virus among people who use drugs: one size does not fit all », Clinical Infectious Disease, Oxford Journal, 2013, p. 56–61.

Bruno Boidin, David Hiez et Sandrine Rousseau, « Biens communs, biens publics mondiaux et propriété. Introduction au dossier », Développement durable et territoires, Dossier 10, 2008, 10 pages.

Cassier Maurice, Correa Marilena, « Brevets de médicament, luttes pour l'accès et intérêt public au Brésil et en Inde », Innovations, 2/ 2010 (n° 32), p. 109-127.

Coriat Benjamin & Chritina d'Almeida, « Propriété intellectuelle, deuxième ligne et accès aux traitements dans les pays du Sud », numéro spécial ANRS, Transcriptases, automne 2008, p. 83-86.

Coriat Benjamin et Fabienne Orsi, « Brevets pharmaceutiques, génériques et santé publique. Le cas de l'accès aux traitements antirétroviraux », Économie publique, n°12, 2003, 29 pages.

Crawford S. and Bath N, « Peer Support Models for People With a History of Injecting Drug Use Undertaking Assessment and Treatment for Hepatitis C Virus Infection », Clinical Infectious Disease, Oxford Journal, 2013, p. 75-79.

Dixneuf Marc, « Au-delà de la santé publique : les médicaments génériques entre perturbation et contrôle de la politique mondiale », Revue française de science politique, 2/ 2003 (Vol. 53), p. 277-304

Dixneuf Marc, « La santé enjeux de gouvernance mondiale », Les Etudes du CERI, n°99, 2003, 36 pages.

Fritz Jean-Claude, « La mise en jeu de la santé par la mondialisation », Santé Publique, 3/ 2003 (Vol. 15), p. 257-266.

Gagnon Marc-André, « Les droits de propriété intellectuelle sont-ils un écueil pour la modernité industrielle ? Le cas des brevets dans l'industrie pharmaceutique », Revue Société, Nota Bene, 2010, 46 pages.

Harris M. and Rhodes T., « Hepatitis C treatment access and uptake for people who inject drugs: a review mapping the role of social factors », Harm Reduction Journal, 2013, 11 pages.

Hubbard Tim and Love James, « A new trade framework for global healthcare R&D », PloS Biology Journal, Février 2004, Volume 2, p. 147-150.

Martin N.K., Hickman M., Hutchinson S.J., Goldberg D.J., Vickerman P., « Combination interventions to prevent hepatitis C virus transmission among people who inject drugs: modeling the impact of antiviral treatment, needle and syringe programs, and opiate substitution therapy », Clinical Infectious Disease, Oxford Journal, 2013, p. 39-45.

Mathers BM, Degenhardt L, Ali H, Wiessing L, Hickman M, Mattick RP and al., « HIV prevention, treatment, and care services for people who inject drugs: a systematic review of global, regional, and national coverage », The Lancet, 2010, p. 1014-1018.

Muller Pierre, « L'analyse cognitive des politiques publiques : vers une sociologie politique de l'action publique », in: Revue française de science politique, 50e année, n°2, 2000. pp. 189-208.

Nathan Ford, Kasha Singh, Graham S Cooke, Edward J Mills, Tido von Schoen-Angerer, Adeeba Kamarulzaman and Philipp du Cros, « Expanding Access to Treatment for Hepatitis C in Resource-Limited Settings: Lessons From HIV/AIDS », Clinical Infectious Disease, Oxford Journal, 2012, p. 1-8.

Nicoletta Dentico et Nathan Ford, « The courage to change the rules : a proposal for an essential health R&D treaty », PloS Biology Journal, Février 2005, Volume 2, pp. 147-150.

Lapointe Serge, L'histoire des brevets, 2000, 23 pages.

Le Bas Christian, « Droits de propriété intellectuelle et développement. Quelques repères et analyse préliminaire sur l'économie post-TRIPS », Mondes en développement, 2009/3 n° 147, p. 45-58.

Pécoul B., Chirac P., Trouiller P., Pinel J., « Access to essential drugs in poor countries: a lost battle ? », Journal of the American Medical Association, 281, 1999, p. 361-367.

Remiche B. et C. Desterbecq (1996), « Les brevets pharmaceutiques dans les Accords du GATT : l'enjeu ? », Revue Internationale de Droit Économique, (1), p.7-68.

Richard D. Smith, Carlos Correa et Cecilia Oh, « Trade, TRIPS and pharmaceuticals », The Lancet, 2009. pp. 684 - 691.

Saint-Mézard Isabelle, « L'incident frontalier du printemps 2013 : un essai d'interprétation des relations sino-indiennes », Hérodote, 2013/3 n° 150, p. 132-149.

Samb Falou, « La Déclaration de Doha sur les ADPIC et les médicaments : Quelles leçons pour le réexamen de l'Accord sur les ADPIC et le processus de négociations à Genève ? », Commerce, Propriété Intellectuelle & Développement durable vus de l'Afrique, OCTSD, Enda, Solagral, 2002, pp, 83-101.

Scherer, F.M. « Pricing, profits, and technological progress in the pharmaceutical Industry », The Journal of Economic Perspectives, 1993, p. 97-115.

Tamen Anaïs, « La doctrine de la dette « odieuse» ou : l'utilisation du droit international dans les rapport de puissance », présentée lors du 3ème colloque de Droit International du Comité pour l'Annulation de la Dette du Tiers-Monde, décembre 2003, 27 pages.

Tim Hubbard et James Love, « A new trade framework for global healthcare R&D », PloS Biology Journal, Février 2004, Volume 2, p. 147-150.

Trouiller P, Olliaro P, Torreele E, Orbinski J, Laing R, et al., « Drug development for neglected diseases: A defi cient market and a public-health policy failure », The Lancet, 2002, p. 2188-2194.

Trouiller Patrice, Chevallier-Brilloit Christine, « Diffusion et accès à l'innovation médicale dans les pays en voie de développement. Une bataille perdue ? », Les Tribunes de la santé 1/ 2004 (n°2), p. 73-85.

Treloar C., Rance J. and Backmund M., « Understanding barriers to hepatitis C virus care and stigmatization from a social perspective », Clinical Infectious Disease, Oxford Journal, 2013, p. 51-55.

Varella Marcelo D., « L'organisation mondiale du commerce, les brevets, les médicaments et le rapport nord-sud : un point de vue du sud », Revue internationale de droit économique, 2004/1 t. XVIII, 1, p. 79-117.

Watal J., « Pharmaceutical patents, prices and welfare losses: policy options for India under the WTO TRIPS Agreement », World Economy, n°23, Issue 5, 2000, p. 733–752.

Articles de presse / Communiqués

Armatya Sen, Santé et développement, allocution d'orientation prononcée à la Cinquante-Deuxième Assemblée mondiale de la Santé le 18 mai 1999.

Allocution de Pascal Lamy, le 14 juillet 2009 à la Conférence de l'OMPI sur la propriété intellectuelle et les questions de politique publique.

Déclaration du Groupe des 77 et de la Chine par M. Peter Thomson, Ambassadeur, Représentant permanent des Fidji aux Nations Unies, porte parole du Groupe des 77, à la sixième session du Open Working Group on Sustainable Development Goals (New York, 9 Décembre 2013).

Allocution de Gaelle Krikorian le 25 avril 2014 lors du 25ème anniversaire du Conseil National du Sida.

Françoise Barre-Sinoussi, discours d'ouverture de la conférence AIDS 2014, le 20 juillet 2014.

The right to health : an interview with Professor Paul Hunt, The Essex Human Tight Review, Vol.2 n°1, p. 55-61.

Algérie Focus, Traité secret sur l'immatériel ou comment on prépare le contrôle de l'internet, publié le 1/12/2010 sur http://bit.ly/1onh3ES consulté le 26 août 2014.

Blog Pharmanalyses, Les big pharma en quête d'un autre modèle économique, publié le 8 mars 2013, consulté le 15 aout 2014 sur http://bit.ly/1uC7BmX

Kim Peterson, $1,000-a-day miracle drug shocks U.S. health care system, CBS News, 3 avril 2014, consulté le 29 juillet 2014, sur http://cbsn.ws/1hknkxp

Les Echos, Pas d'accord de libre-échange entre l'Inde et l'Europe, publié le 25 septembre 2013, consulté le 27/08/2014, sur http://bit.ly/1tR0qpz

Les Echos, Comment le sida a sorti l'AZT de l'oubli, publié le 19 juillet 2010, consulté le 13 juillet 2014, sur http://bit.ly/1q3pWEh

Staton T., Express Scripts assembling anti-Sovaldi coalition to shut out Gilead hep C drug, Fiercepharma, publié le 8 avril 2014, consulté le 6 aout 2014, sur http://bit.ly/Q9xB9V

Le Figaro, Pharmacie : le marché mondial va croitre, publié le 14 mars 2014, consulté le 19 juillet 2014, sur http://bit.ly/OxA7Gc

France Culture, Sida, peut-on mettre fin à l'épidémie ?, Du grain à moudre, par Julie Gacon et Raphael Bourgois, le 21 juillet 2014.

Steve Miller, The Sovaldi Tax: Gilead Can't Justify The Price It's Asking For Hepatitis C Therapy, Forbes, publié le 17 juin 2014, consulté le 29 juillet 2014, sur http://onforb.es/1lwFKTq

Andrew Khouri, U.S. Senators ask Gilead Sciences to explain high cost of hepatits C drug, LA Times, 11 juillet 2014, consulté le 29 juillet 2014, sur http://lat.ms/1y7Ik5z

Revue Prescrire, Coût de recherche et développement du médicament : la grande illusion », Novembre 2003, n°244, p. 782.

Mediapart, La France enterre la taxe sur les transactions financières, publié le 11 juillet 2013, consulté le 25/08/2014, sur http://bit.ly/1ttaqZE

Le Monde, Cancer : l'épineuse question du prix des traitements, publié le 3 juin 2014, consulté le 20 juin 2014, sur http://bit.ly/1j3b0K2

Le Monde.fr, Commerce mondial : premiers accords en vue après douze années de blocage, 23 novembre 2013, consulté le 11 aout 2014, sur http://bit.ly/XcILi7

German Vélasquez, Vers une recherche sans brevets, le Monde Diplomatique, Avril 2013, consulté le 20 aout 2014, sur http://bit.ly/1qzA5fw le 20/08/2014

Florent Latrice, Traité secret sur l'immatériel, Le Monde Diplomatique, mars 2012, consulté le 15 aout 2014, sur http://bit.ly/1nBPMiI

Dominique Kerouedan, Comment la santé est devenue un enjeu géopolitique, la sollicitude intéressée des grandes puissances, le Monde Diplomatique, juillet 2013, consulté le 17 aout 2014, sur http://bit.ly/1n165oS

Revue Prescrire, Coût de recherche et développement du médicament : la grande illusion, Novembre 2003, n°244, p. 782.

Gaelle Kirkorian, Paradigme du monopole, Vacarme 26, hiver 2004, pp. 89-94.

Documents de l'Organisation Mondiale de la Santé

OMS, Hépatite C - Aide-mémoire, consulté le 10 juillet 2014.

OMS, VIH/Sida - Aide-mémoire, consulté le 14 juillet 2014.

Constitution de l'OMS, 1946.

Déclaration d'Alma Ata, 1978.

OMS & OMC, Rapport de l'atelier sur la fixation différenciée des prix et le financement des médicaments essentiels, 2001, 24 pages.

OMS & ONUSIDA, Le point sur l'épidémie de SIDA, 2001, 36 pages.

OMS & OMC, Les accords de l'OMC et la santé publique, 2002, 196 pages.

Rapport du secrétariat de l'OMS sur les Droits de Propriété intellectuelle, l'Innovation et la Santé publique, A56/17, 12 mai 2003.

Rapport du secrétariat de l'OMS sur les Droits de Propriété intellectuelle, l'Innovation et la Santé publique, EB116/10, 28 avril 2005.

Rapport de la commission sur les droits de propriété intellectuelle, l'innovation et la santé publique, Santé publique, innovation et droits de propriété intellectuelle, 2006, 218 pages.

OMS, Les soins de santé primaires, maintenant plus que jamais, Rapport sur la santé dans le monde, 2008, 149 pages.

OMS, ONUDC & ONUSIDA, Guide technique. Destiné aux pays pour la définition des objectifs nationaux pour l'accès universel à la prévention, au traitement aux soins et au soutien en matière de VIH/sida, 2009, 48 pages.

OMS, The World Medicines Situation, 2011, 434 pages. Rapport du rapporteur spécial sur le droit qu'à toute personne de jouir du meilleur état de santé physique et mentale possible, Consultation d'experts sur l'accès aux médicaments considéré comme un élément fondamental du droit à la santé, A/HRC/17/43, Conseil des droits de l'Homme, 17ème session, mars 2011, 16 pages.

WHO, UNAIDS & UNDP, Policy Brief: Using the TRIPS Flexibilities to Improve Access to Treatment, 2011, 12 pages.

Report of the Consultative Expert Working Group on Research and Development: Financing and Coordinatibon, Research and Development to Meet Health Needs in Developing Countries : Strengthening Global Financing and Coordination, 2012, 226 pages.

Suivi du rapport du groupe de travail d'experts sur le financement et la coordination de la recherche-développement, 65e Assemblée mondiale de la santé, 26 mai 2012, WHA65.22.

WHO, WTO & WIPO, Promoting Access to Medical Technologies and Innovation, 2013, 259 pages.

WHO, Guidelines for screening, care and treatments persons with hepatitis C infection, 2014, 122 pages.

Résolutions de l'Assemblée mondiale de la santé

WHA49.14 - Revised drug strategy, may 1996.

WHA52.19 - Revised drug strategy, may 1999.

WHA53.14 - HIV/AIDS: confronting the epidemic, may 2000.

WHA54.10 - Scaling up the response to HIV/AIDS, may 2001.

WHA54.11 - WHO medicines strategy, may 2001.

WHA55.14 - Ensuring accessibility of essential medicines, may 2002.

WHA56.27 - Intellectual property rights, innovation and public health, may 2003.

WHA56.30 - Stratégie mondiale du secteur de la santé contre le VIH/SIDA, mai 2003.

WHA57.14 - Scaling up treatment and care with in a coordinated and comprehensive reponse to HIV/AIDS, may 2004.

A58/22 - Sommet ministériel sur la recherche en santé, avril 2005.

WHA59.23 - Rapid scaling up of health workforce production, may 2006.

WHA59.24 - Public health, innovation, essential health research and intellectual property rights: towards a global strategy and plan of action, may 2006.

WHA60.30 - Public health, innovation and intellectual property, may 2007.

WHA61.21 - Global strategy and plan of action on public health, innovation and intellectual property, may 2008.

WHA63.18 - Hépatite virale, mai 2010.

WHA63.28 - Establishment of a consultative expert working group on research and development: financing and coordination, may 2010.

WHA67.6 - Hépatite virale, mai 2014.

Documents des Nations Unies

Déclaration Universelle des Droits de l'Homme, 1948.

Charte sociale européenne de 1961.

Pacte relatif aux droits économiques, sociaux et culturels de 1966.

Convention sur l'élimination de toutes les formes de discrimination à l'égard des femmes,1979.

Charte africaine des droits de l'Homme et des peuples de 1981.

Protocole additionnel à la convention américaine relative aux droits de l'Homme, 1988.

Convention internationale sur les droits de l'enfant de 1989.

Conseil économique et social des Nations Unies, Le droit au meilleur état de santé physique et mental susceptible d'être atteint, observation générale n°14, E/C.12/2000/4, 2000.

Résolution A/RES/S-26/2 - Declaration of Commitment on HIV/AIDS, Global Crisis-Global Action, 36e session de l'Assemblée Générale des Nations Unies, 2001.

Résolution 2002/31 - The right of everyone to the enjoyment of the highest attainable standard of physical and mental health, 49e session du Conseil des droits de l'Homme, avril 2002.

Rapport du Rapporteur spécial Paul Hunt, Le droit de toute personne de jouir du meilleur état de santé physique et mentale susceptible d'être atteint, 59e session de la commission des droits de l'Homme, E/CN/4/2003/58, 2003.

Résolution 2004/27 - Le droit qu'a toute personne de jouir du meilleur état de santé physique et mentale possible, 48e session du Conseil des droits de l'Homme, juillet 2004.

Comité des droits économiques, sociaux et culturels, Le droit de chacun de bénéficier de la protection des intérêts moraux et matériels découlant de toute production scientifique, littéraire ou artistique dont il est l'auteur, observation générale n°17, E/C.12/GC/17, 2005.

Special Rapporteur's report on access to medicines, The right of everyone to the enjoyment of the highest attainable standard of physical and mental health, 61st General Assembly session, A/61/338, september 2006.

Résolution 60/251 de l'Assemblée générale des Nations Unies, avril 2006.

CNUCED, Rapport sur le commerce et le développement, 2006, 285 pages.

Rapport du Rapporteur spécial sur le droit qu'a toute personne de jouir du meilleur état de santé physique et mentale possible, Consultation d'experts sur l'accès aux médicaments considéré comme un élément fondamental du droit à la santé, Conseil des droits de l'Homme, 17ème session, A/HRC/17/43, 2011.

Afrique du Sud, Bolivie, Cuba, Equateur & Venezuzla, projet de résolution, Elaboration d'un instrument international juridiquement contraignant sur les sociétés transnationales et autres entreprises et les droits de l'Homme, 26e session du Conseil des droits de l'Homme, AHRC/26/L.22, 2014.

Documents du Programme des Nations Unies pour le Développement

PNUD, Définir et mesurer le développement humain, Rapport sur le développement humain, 1990, 155 pages.

PNUD, L'humanité divisée : combattre les inégalités dans les pays en développement, Rapport sur le développement humain, 2013, 296 pages.

PNUD, Rapport sur le développement humain, 1999, 274 pages.

UNDP, The Doha Declaration ten years on and its impact on access to medecines and the right to health, 2001, 32 pages.

UNDP, UNAID, The potential impact of free trade agreements on public health, 2012, 6 pages.

Documents de l'Organisation Mondiale du Commerce

L'Accord sur les Aspects des Droits de Propriété Intellectuelle qui touchent au Commerce, 1996.

Déclaration de Doha, 2001.

OMC, Les années GATT: de La Havane à Marrakech, consulté sur http://bit.ly/1D7jhTG le 9 juin 2014.

OMC, Règlement des différends, consulté sur http://bit.ly/1qUUoWn le 5 avril 2014.

OMC, Négociations, mise en œuvre et travaux du Conseil des ADPIC consulté sur http://bit.ly/1q4Pcyw le 14 juillet 2014.

OMC, Membres acceptant l'amendement à l'Accord sur les ADPIC, consulté sur http://bit.ly/1nV9B4N le 6 aout 2014.

WTO, Council for Trade-Related Aspects of Intellectual Property Rights, Special Discussion on Intellectual Property and Access to Medicines 4, WTO Doc No IP/C/M/31, 2001.

Documents d'Organisations Non Gouvernementales

Gaelle Krikorian, L'accès aux génériques, enjeux actuels et propriété intellectuelle, AIDES, 2005, 41 pages.

CP Tech, Proposal for Treaty on Medical Research and Development, 2005, consulté sur http://bit.ly/1txJLbw le 24 août 2014.

Hep Coalition, Pills cost pennies, greed costs lives,1st hepatitis C virus world community advisory board report, Treatment Action Group, 2014, 38 pages.

HepCoalition, AIDS 2014 : des activistes font un die-in pour protester contre le prix excessif du médicament de Gilead contre l'hépatite C, 2014, consulté sur http://bit.ly/1nXDD6t le 29 juillet 2014.

HepCoalition, Appel de Washington, publié sur le site de hepCoalition.org consulté le 28 juillet 2014 sur http://bit.ly/1qG5pfL

Médecins du Monde, Nouveaux traitements de l'hépatite C : Stratégies pour atteindre l'accès universel, Paris, 2014, 24 pages

Médecins du Monde, Présentation powerpoint du module de formation plaidoyer, 2013.

Frédéric Menneret, « La réduction des risques une pensée en Archipel », in : Histoire et principes de la réduction des risques, entre santé publique et changement social, Médecins du Monde, 2013, p. 7-12

Jean Pierre Lhomme et Paul Bolo, « La réduction des risques et l'évolution du modèle patient-médecin, une approche centrée sur la personne », in : Histoire et principes de la réduction des risques, entre santé publique et changement social, Médecins du Monde, 2013, p. 49-57.

Fabrice Olivet, « L'auto support des usagers de drogues, une histoire de tox », in : Histoire & principes de la réduction des risques, entre santé publique & changement social, Médecins du Monde, 2013, p. 65-73.

MSF Access Campaign, Untangling the web, 2014, 28 pages.

MSF Access Campaign, The Diagnosis and Treatment of Hepatitis C: A Technical Landscape, 2014, 84 pages.

Médecins Sans Frontières, Drug patents under the spotlight. Sharing practical knowledge about pharmaceutical patents, Campaign for access to essential medecines, 2004, 40 pages.

Médecins Sans Frontières, Les brevets, le droit commercial international et l'accès aux médicaments essentiels, 3e édition, MSC Access Campaign, mars 2003, 13 pages.

Médecins Sans Frontières, Pretoria : chronique d'un mauvais procès, consulté le 14 juillet 2014 sur http://bit.ly/1qOgae0

Médecins Sans Frontières, Novartis vs. Inde : une victoire pour l'accès aux médicaments génériques, publié le 01 avril 2013 sur http://bit.ly/1svIvnt consulté le 26 aout 2014.

MSF Access Campaign, Trading Away Health : The Trans-Pacific Partnership Agreement (TPP), 2013 consulté sur http://bit.ly/1x0eQtk le 01 septembre 2014.

Médecins Sans Frontières, L'accord de libre-échange UE-Inde menace des millions de vies, publié le 09 avril 2013 sur http://bit.ly/1rzrXzc consulté le 27/08/2014.

Médecins Sans Frontières, Gilead attempt to secure patent on hepatitis C drug opposed in Indi, Patent opposition seeks to ensure production of affordable generics, Rohit Malpani, Improving access today, Making existing medicines available, MSF Access Campaign, 2012.

Bernard Pécoul (DNDI), Pour un accès global aux médicaments infectieux, Collège de France, consulté sur http://bit.ly/1qzYO5N le 15 aout 2014.

Peter Maybarbuk, The global access to medicines movement, a brief history and a case study, presentation réalisée le 13 avril 2013, Public Citizen, consultée sur http://bit.ly/1uNZqaC le 1er aout 2014.

Heba Wanis, Health: No sofosbuvir patent in Egypt, but Gilead deal still expensive, Third World Network, 2014, consulté sur http://bit.ly/1uxdwL0 le 29 juillet 2014

Lettre de MSF Access Campaign au Ministre indien du Commerce et de l'Industrie en date du 22 août 2014, AC/IND/01/2014.

Lettre des sénateurs Ron Wyden et Charles E. Grassley, adressée à Dr. John C. Martin, Président du conseil d'administration de Gilead, le 11 juillet 2014.

Cable Wikileaks, UK agrees with us approach to upcoming who intergovernmental working group on public health, innovation, and IP, Passed to the Telegraph by WikiLeaks, 04 Feb 2011. Ref ID: 07LONDON4102.

Autres

Fink C., How Stronger Patent Protection in India Might Affect the Behavior of Transnational Pharmaceutical Industries, Banque mondiale, mai 2000, 50 pages.

European commission, Pharmaceutical Sector Inquiry, final report, 2009, 533 pages.

Global Commission on drug policy, The Vienna Declaration, 2010.

Global Commission on drug policy, The war on drugs, report of the global commisssion on drug policy, 2011, 24 pages.

Global Commission on drug policy, The war on drugs and HIV/ AIDS, how the criminalization of drugs use fuels the global pandemic, 2012, 24 pages.

Global Commission on drug policy, The negative impact of the war on drugs on public health : the hidden hepatitis C epidemic, 2013, 24 pages.

WIPO, World Intellectual Property Indicators, 2013, p. 129.

Global Commission on drug policy, Taking control : pathways to drug policies that work, 2014, 25 pages.

ONUSIDA, The Gap Report, 2014, 422 pages.

[illegible]

[illegible]

[illegible]

[illegible]

[illegible] the [illegible]

[illegible] report, 20[illegible] pages.

[illegible] 20[illegible]

[illegible]

[illegible] drug policy [illegible]

[illegible] 2012, [illegible] pages.

Global Commission on drug policy, The negative impact [illegible] on public health: the hidden epidemic, [illegible] 20[illegible] pages.

WHO, World Health and Tobacco Indicators, 2013, [illegible]

Global Commission on drug Policy, Taking control: pathways to drug policies that work, 2014, 42 pages.

UNODC, World drug report, 2014, 127 pages.

LISTE DES SIGLES

ADPIC : Aspects des Droits de Propriété Intellectuelle qui touchent au Commerce

ARV : Antirétroviraux

AAD / DAA : Antiviraux à Action Directe / Direct Acting Antiviral

GATT : General Agreements on Tariff and Trade

IST : Infections sexuellement transmissibles

INF : Interféron

HSH : Hommes ayant des relations sexuelles avec des hommes

MdM : Médecins du Monde

OMC / WTO : Organisation mondiale du commerce / World Trade Organisation

OMS / WHO : Organisation mondiale de la santé / World Health Organisation

OMPI / WIPO : Organisation mondiale de la propriété intellectuelle / World intellectual property organisation

ONUSIDA : Programme commun des Nations Unies sur le VIH/ SIDA

RBV : Ribavirine

R&D : Recherche et Développement

RDR : Réduction des risques

SOF : Sofobuvir

TS : Travailleurs du sexe

TSO : Traitement de substitution aux opiacés

INF : Interféron

PEG-INF : Interféron Pégylé

PNUD / UNDP : Programme des Nations Unies pour le Développement / United Nations Development Program

PUD : Personne Usagère de Drogues

PUDVI : Personne Usagère de Drogues par Voie Intraveineuse

PVVIH : Personnes Vivant avec le VIH

VHB : Virus de l'Hépatite B

VHC : Virus de l'Hépatite C

GLOSSAIRE [504]

Activité inventive : Condition de la brevetabilité. Cette condition est généralement remplie lorsque l'invention n'est pas évidente pour une personne du métier à la date du dépôt de la demande de brevet.

Atteinte aux droits : La fabrication, l'utilisation ou la vente non autorisée d'un produit ou d'un procédé qui utilise une invention protégée par un brevet. La détermination de l'existence d'une atteinte aux droits permet au titulaire du brevet d'exercer des recours civils contre l'auteur de cette atteinte. Certaines atteintes aux droits constituent également des délits pénaux.

Brevet : Titre délivré pour protéger une invention, généralement pendant une période de 20 ans.

Epuisement des droits de propriété intellectuelle : Doctrine selon laquelle le titulaire d'un brevet épuise ses droits après la première vente en bonne et due forme du produit breveté dans un pays ou une région ou sur le marché international. L'épuisement des droits justifie sur le plan légal l'admission des importations parallèles.

Exploitation : Utilisation d'une invention dans un contexte commercial, telle que la fabrication d'un produit breveté, l'utilisation d'une procédé breveté et la commercialisation d'un produit protégé. Dans certains cas, ce terme recouvre aussi l'importation du produit breveté.

Importation parallèle : Importation, sans l'autorisation du titulaire d'un droit de propriété intellectuelle, d'un produit protégé, commercialisé à l'étranger par le titulaire lui-même ou par une personne dûment autorisée.

---

504. Glossaire adapté de celui proposé par Carlos Correa, *Intégration de santé publique dans la législation en matière de brevets des pays en développement*, South Center, 2001, p. XIIV-XVI.

Licence obligatoire : Autorisation donnée par une autorité judiciaire ou administrative à un tiers d'utiliser une invention brevetée sans l'autorisation du titulaire du brevet pour divers motifs d'intérêt général (par exemple, absence d'exploitation, considérations de santé publique, pratiques anticoncurentielles, cas d'urgence, considérations de défense nationale).

Licence (volontaire) : Autorisation donnée par le titulaire (le donneur de licence) du droit à un tiers (le preneur de licence) pour exercer des activités que seul le donneur de licence peut normalement exercer.

Médicaments essentiels : Médicaments sélectionnés pour leur efficacité et leur innocuité afin de répondre aux besoins prioritaires de santé publique dans un pays ou une région donnés. La notion de médicaments essentiels est à la base de la stratégie pharmaceutique de l'OMS depuis 1975. Les critères d'inscription d'un médicament sur la liste des médicaments essentiels de l'OMS comprennent aussi des considérations de prix.

Médicament générique : Produit pharmaceutique qui n'est pas protégé par un brevet en vigueur, et qui est commercialisé sous une dénomination commune ou une marque.

Nouveauté : Condition de la brevetabilité. La nouveauté suppose qu'une invention n'ait pas été rendue publique (en général n'importe où dans le monde) avant la date de dépôt du brevet.

Propriété intellectuelle : Domaine du droit public couvrant généralement le droit d'auteur et le droit des brevets, des marques et indications géographiques, des dessins et modèles industriels et des modèles d'utilité, ainsi que la protection des obtentions végétales et les droits sur les circuits intégrés et les secrets commerciaux. Un régime sui generis pour les bases de données a également été établi dans certains pays.

TABLE DES MATIÈRES

Remerciements 11

Sommaire 13

Méthodologie 17

INTRODUCTION 25

Les objectifs de l'Accord des ADPIC 27

Droit à la santé 32

Développement et droit à la santé 37

Le marché de la maladie 42

PARTIE 1 - L'ORGANISATION JURIDIQUE INTERNATIONALE QUI REGULE L'ACCÈS AUX MÉDICAMENTS 49

CHAPITRE I : L'organisation de la marchandisation de la santé 53

L'essor de l'industrie pharmaceutique 54

La naissance du droit à la propriété intellectuelle des médicaments 57

Les accords du GATT et la création de l'OMC 61

CHAPITRE II : Les normes minimales et les flexibilités de l'Accord des ADPIC 65

Les normes minimales définies par l'Accord des ADPIC 66

Les flexibilités autorisées par l'Accord des ADPIC 67
Article 27 : les exclusions du domaine de la brevetabilité 68
Article 30 : les exceptions aux droits des brevets 69
Article 31 : les licences obligatoires 70
Les importations parallèles 72

CHAPITRE III : Les déclarations de Doha, de Cancun et de Honk Hong 73
La menace de l'anthrax 74
La résistance brésilienne 75
Le procès Pretoria 77
La mobilisation de la société civile 78
La Déclaration de Doha 81
Les Déclarations de Cancun et de Hong Kong 83

L'Accord des ADPIC, un outil de puissance structurelle 85

PARTIE 2 - RELATIONS ENTRE ACTEURS DE L'ACCÈS AUX TRAITEMENTS 91

CHAPITRE IV : Stratégie des multinationales du médicament 95
La stratégie des prix différenciés 96
Les inefficiences du marché au profit des pays à haut revenu 100
L'Accord des ADPIC ne favorise pas le transfert de technologie 102

Le financement public dans l'innovation pharmaceutique 105

Les brevets bloquent l'accès aux médicaments et ne garantissent pas des innovations satisfaisantes 108

CHAPITRE V : Stratégie des Etats 113

Les pays à haut revenu : le renforcement des droits de propriété intellectuelle par la lutte contre la contrefaçon et les accords bilatéraux de libre-échange 114

Les pays en développement : vers la fermeture de la pharmacie du monde ? 119

CHAPITRE VI : La mobilisation internationale par le prisme des résolutions de l'OMS 125

La faible mobilisation de l'OMS, l'échec de la conciliation de la propriété intellectuelle et du droit à la santé 126

Le rapport de la commission sur les Droits de Propriété Intellectuelle, l'Innovation et la Santé publique, une ouverture d'esprit restreinte par les pays à haut revenu 133

Une stratégie et un plan d'action mondiaux pour la santé publique, l'innovation et la propriété intellectuelle 136

La mobilisation du rapporteur spécial au droit de toute personne de jouir du meilleur état de santé possible, un espoir pour le respect du droit à la santé 140

Analyse des déterminants théoriques de l'accès aux médicaments 145

PARTIE 3 - DU VIH AU VHC : ÉVOLUTION DE L'ACCÈS AUX TRAITEMENTS 149

CHAPITRE VII : Le Virus de l'Immunodéficience Humain 155

La découverte d'un virus 155

La réduction des risques 158

La lutte pour l'accès aux traitements antirétroviraux 161

En finir avec le sida ? 164

CHAPITRE VIII : L'épidémie silencieuse de l'Hépatite C de l'Hépatite C 169

La révolution thérapeutique de l'hépatite C 170

De la lutte contre le sida à la lutte contre l'hépatite C 173

Le sofosbuvir, une fenêtre d'opportunité pour mettre en débat la question de l'accès aux traitements 180

CHAPITRE IX : La période Post ADPIC 185

Les limites de l'accord des ADPIC 186

De l'usage des licences obligatoires 189

Vingt ans après l'accord des ADPIC 192

Evolution de l'accès aux traitements dans la situation du VIH et du VHC 197

RÉSISTER, RESPONSABILISER ET ANTICIPER 201

BIBLIOGRAPHIE 221

Ouvrages 221

Articles scientifiques 223
Articles de presse / Communiqués 227
Documents de l'Organisation Mondiale de la Santé 229
Résolutions de l'Assemblée mondiale de la santé 231
Documents des Nations Unies 232
Documents du Programme des Nations Unies pour le Développement 233
Documents de l'Organisation Mondiale du Commerce 234
Documents d'Organisations Non Gouvernementales 234
Autres 237

Liste des Sigles 238
Glossaire 241

Santé et Médecine

aux éditions L'Harmattan

Dernières parutions

MALADIES AUTO-IMMUNES
Quand notre système de défense nous trahit
Tron François
Le système immunitaire nous protège contre les virus, les bactéries et les parasites. Il peut parfois tourner ses armes contre l'organisme qu'il est censé défendre et y induire des lésions. Les maladies qui en résultent sont dites auto-immunes. Elles sont fréquentes et ensemble constituent la troisième cause de morbidité derrière les maladies cardiovasculaires et cancéreuses. Ce livre parcourt aussi les voies que la recherche emprunte pour corriger les désordres cellulaires et moléculaires observés au cours de chaque maladie auto-immune.
(Coll. Acteurs de la Science, 22.50 euros, 212 p.)
ISBN : 978-2-343-07769-7, ISBN EBOOK : 978-2-336-39806-8

LE DROIT DE LA GÉNÉTIQUE
À la recherche d'une branche du droit
Bricker Guillaume - Préface de Gérald Teboul
En matière de génie génétique, les questions éthiques et polémiques se multiplient à mesure que la technique évolue et embrasse de nombreux sujets : reproduction, OGM, tests génétiques, clonage… Le droit est-il suffisamment en avance pour y répondre ? Cet ouvrage permet de mieux connaître les règles et en assure la promotion, tout en mettant en garde contre les glissements éthiques. Il offre un panorama complet du cadre juridique applicable à la génétique. L'ensemble des textes permet de mieux comprendre les enjeux et quelquefois les limites de la législation.
(Coll. Le Droit aujourd'hui, 65.00 euros, 852 p.)
ISBN : 978-2-343-06705-6, ISBN EBOOK : 978-2-336-39860-0

BIOÉTHIQUE ET TRANSDISCIPLINARITÉ
Brelet Claudine, Patrick Curmi, Fatima Zhora Elkebir, Salwa Hamrouni, Mourad Merdaci - Préface de Christian Byk
Réflexion transdisciplinaire sur les rapports entre les sciences de l'homme et son environnement, cet ouvrage défend une bioéthique ouverte à la société civile. Il reflète les défis moraux auxquels sont maintenant confrontées les biotechnologies, depuis les OGM jusqu'à la PMA. Les chercheurs rappellent que la révolution biotechnologique peut et doit contribuer à améliorer la qualité de la vie, présente

et future. La bioéthique questionne finalement la nature même de l'être humain et offre la perspective d'un nouvel avenir.
(Coll. Cultures et Médecines, 17.00 euros, 154 p.)
ISBN : 978-2-343-07225-8, ISBN EBOOK : 978-2-336-39901-0

TRANSGRESSIONS DES FRONTIÈRES DU CORPS
La chirurgie esthétique
Mitz Vladimir
Les frontières de la chirurgie esthétique délimitent, avec difficulté, une spécialité chirurgicale qui est expansive. Cette chirurgie transgressive dérange les concepts philosophiques du «accepte-toi tel que tu es», elle bénéficie d'innovations tumultueuses telles les homogreffes du visage ou des membres, elle est constamment soumise à l'œil éveillé des médias. Cet ouvrage se propose d'en exposer les facettes en explorant ses mythes, ses bases conscientes et inconscientes et ses limites.
(Coll. Eidos série Retina, 16.50 euros, 156 p.)
ISBN : 978-2-343-07729-1, ISBN EBOOK : 978-2-336-39759-7

VERS LA CÉCITÉ
Un étrange parcours – Récit
Abbadie-Douce Paulette
Dans son précédent ouvrage « Voyage vers la cécité », l'auteur se penchait sur le choc éprouvé à l'annonce du verdict de cette maladie des yeux qui l'affecte : la « DMLA ». Dans ce nouvel ouvrage, elle nous dévoile d'étranges phénomènes qui l'assaillent et la troublent. À la suite de recherches, elle découvre avec stupéfaction que ces phénomènes sont une conséquence prévisible de la maladie des yeux qui l'affecte. Alors pourquoi ce silence autour de ces phénomènes reconnus par les spécialistes ?
(8.00 euros, 50 p.)
ISBN : 978-2-343-07608-9, ISBN EBOOK : 978-2-336-39792-4

MÉDECINE À TRAVERS LES SIÈCLES
Entre rencontres et découverte
Sous la direction de Xavier Riaud
Si la médecine et ses acteurs ont contribué incontestablement au bien-être de l'humanité, les dérives de quelques-uns ou les zones d'ombre amènent inévitablement à une discussion à propos de l'éthique qui doit la régir. Forts de ce postulat, les auteurs de cette collection ont souhaité décrire les avancées et les évolutions des sciences médicales.
(Coll. Médecine à travers les siècles, 19.00 euros, 182 p., Illustré en couleur)
ISBN : 978-2-343-07425-2, ISBN EBOOK : 978-2-336-39465-7

LA DÉPRESSION
Une pathologie à visage multiple
Lamessi Alain - Préfaces du docteur Thierry Malassiné
et du professeur Michel Dieudonné Vohito
Le présent ouvrage tente de présenter les multiples visages de la dépression. Pour cela, Alain Lamessi retrace la longue histoire de cette maladie qui n'a cessé de

se métamorphoser au fil des ans, avant de questionner la problématique de la classification. Passant ensuite en revue les facteurs, corrélats et autres théories, il lève un bout de voile sur la complexité de ce trouble de l'humeur, tout en faisant un détour dans ses spécificités africaines.
(26.50 euros, 270 p.)
ISBN : 978-2-343-06235-8, ISBN EBOOK : 978-2-336-39178-6

SCIENCE ET HUILES ESSENTIELLES
Baumann Alexandre
Les huiles essentielles sont fortes là où les médicaments sont faibles : maux de dos, maladies cardiovasculaires, infections chroniques, anxiété « ordinaire »... Cela est étayé par de nombreuses études scientifiques. Pourtant elles continuent à être vues comme de simples substances agréablement odorantes. Ce livre combat cette injustice en détaillant une centaine d'études scientifiques démontrant de réels effets thérapeutiques.
(17.50 euros, 172 p.)
ISBN : 978-2-343-07469-6, ISBN EBOOK : 978-2-336-39322-3

LA MALTRAITANCE DES PERSONNES ÂGÉES
L'envers du décor
Sauveur Yannick - Postface de Pascal Lardellier
Ce livre interroge les causes de la maltraitance des personnes âgées. L'auteur cible les responsabilités de l'État et la faiblesse des moyens mis au service des personnes âgées. Il offre ainsi une réflexion sur le jeunisme, l'âgisme et la société marchande. Fort de son expérience du milieu médicosocial, l'auteur apporte un éclairage original sur l'envers du décor, les personnels maltraités. De nombreux témoignages illustrent son propos.
(Coll. Des Hauts et Débats, 19.00 euros, 186 p.)
ISBN : 978-2-343-07283-8, ISBN EBOOK : 978-2-336-39357-5

ACCOMPAGNER LA VIE JUSQUE-LÀ
Feroumont Bernadette - Préface de Gabriel Ringlet
Ouvrir ce livre, c'est plonger dans l'univers de l'accompagnement de la fin de vie et comprendre combien des attitudes simples et spontanées peuvent compter pour le patient, l'entourage ou l'équipe soignante. Les récits parlent de tendresse et de moments heureux, mais aussi de tristesses, de colères, d'injustices. Ouvrir ce livre, c'est aussi découvrir que le temps nous rappelle l'urgence de savourer la vie : il nous invite à porter sur nos rencontres et nos gestes un regard intérieur qui leur donnera du sens.
(Coll. Encres de vie, 16.50 euros, 162 p.)
ISBN : 978-2-336-30839-5, ISBN EBOOK : 978-2-336-39254-7

LES ÎLES DÉSERTES
Avela Guilloux, Rébecca Stella
Léa a 9 ans. Un jour, elle découvre qu'elle est diabétique. À partir de ce moment-là, sa vie change, devient compliquée. Elle doit faire face à sa colère, ses propres peurs, à un traitement difficile, à des contraintes auxquelles elle ne s'attendait pas, aux réflexions pas toujours délicates de son entourage. Léa va devoir apprendre

à vivre avec ce diabète, cette « sale bête » qui l'accompagne désormais. Dans son imaginaire d'enfant, Léa devient Super Léa, une super-héroïne du quotidien, une dompteuse... La « sale bête » n'a qu'à bien se tenir ! «Écrite par deux mères d'enfants qui souffrent de ce mal, la pièce a des accents de vérité d'autant plus convaincants que le rôle de la fillette est endossé par Rébecca Stella, l'une des mamans qui est de surcroît une comédienne d'une subtile envergure.» (Pariscope). «Un joli spectacle.» (www.froggydelight.com)
(15.00 euros) ISBN : 978-2-336-2-97408

SE LIBÉRER D'UNE ADDICTION SANS DROGUE
Baclofène et boulimie : une expérience
Goffart Claude
Ce livre retrace l'itinéraire d'une «toxico de la bouffe», aidée dans son combat par l'usage du baclofène, molécule ancienne redécouverte par un professeur alcoolique. Elle s'avère efficace pour supprimer l'envie irrésistible qui mène à la bouteille mais semble aussi apte à aider les boulimiques. Décrit dans ces pages, ce traitement demande surtout de la ténacité et un travail sur soi attentif mené avec un thérapeute et en lien avec une association dédiée aux utilisateurs de ce traitement.
(20.50 euros, 198 p.)
ISBN : 978-2-343-06233-4, ISBN EBOOK : 978-2-336-38817-5

AUTISME
Le sacrifice invisible
Trajectoires des familles et regards croisés des professionnels
Jean-Bart Christiane
Malgré des évolutions positives dans l'accompagnement des enfants autistes, l'auteure sort de l'institution et va à la rencontre des familles. Retracer leurs trajectoires lui semble indispensable à la compréhension de l'environnement de l'enfant autiste. Il s'agit d'avoir une vision globale de l'enfant autiste, de prendre en compte tout ce qui influe sur lui dans des cadres comme l'institution qui le prend en charge, sa famille, l'école, son voisinage...
(Coll. Réseau Tessitures, 25.00 euros, 256 p.)
ISBN : 978-2-343-06565-6, ISBN EBOOK : 978-2-336-38662-1

FRAGMENTS POUR UNE HISTOIRE DE LA GÉRONTOLOGIE (Volume 1)
OAREIL
Ce livre raconte avec force anecdotes la naissance de l'action gérontologique : les errements, les oppositions et les luttes des acteurs qui ont ouvert cette voie nouvelle. Ce tome rassemble les entretiens individuels de ces femmes et hommes, pionniers chacun dans leur domaine. Ils narrent leurs parcours, leurs rencontres, la manière dont ils s'y sont pris pour construire pas à pas des actions, des services, des organisations sur des terrains en friche.
(Coll. La gérontologie en actes, 23.50 euros, 220 p.)
ISBN : 978-2-343-06908-1, ISBN EBOOK : 978-2-336-38920-2

L'HARMATTAN ITALIA
Via Degli Artisti 15; 10124 Torino
harmattan.italia@gmail.com

L'HARMATTAN HONGRIE
Könyvesbolt ; Kossuth L. u. 14-16
1053 Budapest

L'HARMATTAN KINSHASA
185, avenue Nyangwe
Commune de Lingwala
Kinshasa, R.D. Congo
(00243) 998697603 ou (00243) 999229662

L'HARMATTAN CONGO
67, av. E. P. Lumumba
Bât. – Congo Pharmacie (Bib. Nat.)
BP2874 Brazzaville
harmattan.congo@yahoo.fr

L'HARMATTAN GUINÉE
Almamya Rue KA 028, en face
du restaurant Le Cèdre
OKB agency BP 3470 Conakry
(00224) 657 20 85 08 / 664 28 91 96
harmattanguinee@yahoo.fr

L'HARMATTAN MALI
Rue 73, Porte 536, Niamakoro,
Cité Unicef, Bamako
Tél. 00 (223) 20205724 / +(223) 76378082
poudiougopaul@yahoo.fr
pp.harmattan@gmail.com

L'HARMATTAN CAMEROUN
BP 11486
Face à la SNI, immeuble Don Bosco
Yaoundé
(00237) 99 76 61 66
harmattancam@yahoo.fr

L'HARMATTAN CÔTE D'IVOIRE
Résidence Karl / cité des arts
Abidjan-Cocody 03 BP 1588 Abidjan 03
(00225) 05 77 87 31
etien_nda@yahoo.fr

L'HARMATTAN BURKINA
Penou Achille Some
Ouagadougou
(+226) 70 26 88 27

L'HARMATTAN SÉNÉGAL
10 VDN en face Mermoz, après le pont de Fann
BP 45034 Dakar Fann
33 825 98 58 / 33 860 9858
senharmattan@gmail.com / senlibraire@gmail.com
www.harmattansenegal.com

L'HARMATTAN BÉNIN
ISOR-BENIN
01 BP 359 COTONOU-RP
Quartier Gbèdjromèdé,
Rue Agbélenco, Lot 1247 I
Tél : 00 229 21 32 53 79
christian_dablaka123@yahoo.fr

Achevé d'imprimer par Corlet Numérique - 14110 Condé-sur-Noireau
N° d'Imprimeur : 130367 - Dépôt légal : juillet 2016 - *Imprimé en France*

www.ingramcontent.com/pod-product-compliance
Lightning Source LLC
LaVergne TN
LVHW010951061026
849535LV00006B/1665